Sais

ALUN COB

Gomer

Cyhoeddwyd yn 2014 gan
Wasg Gomer, Llandysul, Ceredigion SA44 4JL
www.gomer.co.uk

ISBN 978 1 84851 800 1
ISBN 978 1 84851 918 3 (ePUB)
ISBN 978 1 84851 919 0 (Kindle)

Cyhoeddir gyda chymorth ariannol
Cyngor Llyfrau Cymru.

Argraffwyd a rhwymwyd yng Nghymru gan
Wasg Gomer, Llandysul, Ceredigion.

Er cof am AC

Prolog

Ffurfiodd yr olygfa'n raddol yn ei ben gan greu patrymau lliwgar allan o lwydni'r stribedi glaw mân o'i gwmpas. Dychmygai'r awdur y senario'n ymrithio o'i flaen wrth iddo frasgamu ar hyd y lôn feics – y llwybr syth, unig yn agor allan o'i flaen.

Daeth i stop sydyn.

Dyma fo'r llofrudd yn ei ddillad caci yn llonydd yn ei gwrcwd yn y rhedyn gwyrdd i'r chwith o ble roedd yr awdur.

Yn cuddio yn y rhedyn.

Yn disgwyl ei gyfle.

Ni all yr awdur weld ei wyneb. Dyma ddyn arall yn cerdded heibio'i ysgwydd yn gwisgo crys rygbi gwyrdd Northampton Saints a thrywsus byr, darn o blastig coch hir yn ei law chwith, braich i daflu pêl i gi. Roedd yr awdur yn socian, a'r glaw mân wedi treiddio trwy'i ddillad gwrth-ddŵr. Daeth y dyn yn y crys rygbi i stop pan ruthrodd ci defaid ifanc heibio iddo, ei gôt ddu a gwyn yn sgleinio yn yr haul. Roedd hwnnw wedi gosod pêl dennis ar flaen llwy'r darn plastig a'i hyrddio led braich i mewn i'r llwydni o'i flaen. Agorodd y llwydni fel y Môr Coch yn nychymyg yr awdur, roedd yr awyr erbyn hyn yn gefndir glas, hafaidd i'r taflegryn crwn, melyn a laniodd ar ganol llwybr y lôn feics ... y lôn feics yn golewyrchu yn y gwres ... y ci'n brysio mynd ar ei hôl. Erbyn iddo'i chyrraedd roedd yn mynd yn gynt na'r bêl a chwarddodd dyn y crys rygbi pan faglodd ei gi wrth geisio brathu yn y bêl. Rowliodd y ci'n blith draphlith ar y tarmac cyn ailddarganfod ei draed yn osgeiddig a disgwyl nes i'r bêl bowlio tuag ato ac i mewn i'w geg. Roedd y ci yn gwenu'n braf.

Cynhyrfodd calon yr awdur wrth edrych unwaith eto ar ddyn y crys rygbi a gweld y llofrudd y tu ôl i'w gefn a'i law chwith yn cydio yng ngheg ei ysglyfaeth. Fflachiodd llafn hir, arian yn ei law dde wrth iddo ddal yr haul cyn diflannu i mewn i gefn y crys rygbi. Twrw fel dwrn i gledr llaw. Gollyngodd y ci'r bêl o'i geg a chyfarth unwaith, heb symud, ugain metr i lawr y llwybr. Gollyngodd y llofrudd ei afael ar gorff llipa'r dyn a syrthiodd hwnnw i'r llawr, y gyllell yn gwneud sŵn sugno cyfoglyd wrth lithro allan o'i gnawd. Roedd y llafn yn arian gloyw unwaith eto. Ymledodd gwaed y dyn fel haint, yn ddu fel olew, i feddiannu gwyrddni'i grys Northampton Saints, ochr ei wyneb wedi'i wasgu ar y tarmac a braw yn amlwg yn ei lygaid llydan agored. Camodd y llofrudd dros goesau'r corff a cherdded tuag at y ci. Ond nid oedd yr awdur yn gallu gweld ei wyneb oherwydd bod het gaci lipa am ei ben. Cyfarthodd y ci ddwywaith, ei bawennau wedi'u sodro ar y lôn feics, wrth i'r llofrudd agosáu. Pwysodd y llofrudd tuag i lawr, ei gyllell yn ei law dde, a chodi'r bêl dennis â maneg ddu ar ei law chwith.

'Fetch,' meddai'r llofrudd gan luchio'r bêl ymhell oddi ar y llwybr ac i mewn i'r rhedyn trwchus. Diflannodd y ci ar ei hôl, a'r rhedyn yn cynhyrfu wrth ddangos ei hynt.

Cerddodd y llofrudd yn ôl at y corff gan roi'r gyllell i gadw yn ei gwain wrth ei ganol. Aeth i boced ei drwysus caci, hir ac estyn darn bach hirsgwar o gerdyn gwyn, maint cerdyn busnes. Roedd ei ben wedi'i blygu ac nid oedd yr awdur yn gallu gweld ei wyneb o hyd oherwydd cantel yr het lipa. Cyrhaeddodd gorff y dyn a rhoi cic fach i'w ysgwydd. Yr unig symudiad ynddo oedd ei waed yn llifo allan ohono, yn ymledu ar y tarmac o gwpas ei ganol. Plygodd y llofrudd i'w gwrcwd a gosod y cerdyn yn rhannol o dan goler ddu'r crys. Edrychodd yr awdur ar y cerdyn a gweld un gair wedi'i ysgrifennu mewn llythrennau bras arno:

SAIS

Safodd y llofrudd o'i gwrcwd a chododd gantel ei het yn ara deg. Edrychodd yr awdur i mewn i ddüwch di-ben-draw lle dylai wyneb y llofrudd fod.

Agorodd Alun ei lygaid yn y tywyllwch. Twrw ambiwlans rywle yn y dre. Ei gorff wedi tampio â chwys, a dillad y gwely'n glynu'n anghyfforddus wrth ei groen. Pwysodd ar ei ochr yn y tywyllwch a phawennu top y bwrdd ochr gwely nes darganfod switsh y lamp a'i wasgu. Caeodd ei lygaid yn erbyn y disgleirdeb disymwth cyn mentro agor mymryn ar ei lygad dde. Edrychodd ar ei oriawr. Chwarter i dri.

Grêt, meddyliodd yn goeglyd gysglyd. Eisteddodd i fyny yn ei wely, ei gorff yn oeri'n sydyn wrth i'r chwys anweddu. Cydiodd yn y pad papur mawr ar ochr bella'r bwrdd. Agorodd y drôr a chwilota ymysg yr anialwch am feiro. Cafodd afael ar un ac ochneidio'n ddwfn wrth glicio'r pin inc i'r golwg. Sgwennodd air ar ben y dudalen.

Sais.

Pennod 1

GORWEDD AR Y SOFFA yn gwylio *Bargain Hunt* roedd Alun, gan sylweddoli y dylai wybod yn well na mynd i orwedd ar ôl cael brechdan i ginio; pan ddaeth cnoc ar ddrws y fflat. Roedd o'n eithaf sicr mai Gwen fyddai yno. Dave neu Gwen. Ond Gwenllian, siŵr o fod, ar ôl iddi beidio â chnocio wsos dwytha a'i ddal yn dod i mewn i'r lolfa yn sychu'i wallt wrth gydganu gyda Bowie am y 'China Girl'. O, ac yn borcyn jac hefyd. Nid Dave, penderfynodd, doedd Dave byth yn cnocio. Heblaw ar yr adegau prin hynny pan oedd y drws wedi'i gloi. Ond wedyn bangio fysa Dave yn ei wneud beth bynnag, yn gwbod bod Alun un ai'n mwynhau cwmni merch neu'n bod yn onanaidd. Yn bod yn be? fysa Dave wedi gofyn wedyn.

'Pwy sy 'na?' gwaeddodd Alun heb symud gan ei fod yn gwybod yr ateb ac ar fin cyhoeddi fod y drws eisoes ar agor pan atebodd llais dyn.

'Police.'

Police? Police? Ac nid Dave yn tynnu coes oedd yno chwaith. Cododd oddi ar y soffa gan hel afalans o friwsion oddi ar ei grys taid i raeadru ar hyd y llawr. Doedd gynno fo ddim byd i'w guddio ond daeth pluen o banic i gosi'i fron wrth iddo sganio'r stafell fath â Scarface yn chwilio am 'i Uzi a'r mynydd o gocên. Police? Deugain mlwydd oed ond doedd Alun ddim yn meddwl ei fod erioed wedi siarad hefo copar, yn swyddogol, beth bynnag. Diffoddodd Tim Wonnacott.

'One minute,' galwodd yn uchel i gyfeiriad y drws derw cadarn wrth gerdded tuag ato. Heliodd gudynnau tywyll ei wallt hir i gadw cwmni i fframiau'i sbectol tu ôl i'w glustiau, llyfodd ei wefusau a cheisio meddwl am be fysa hyn yn gallu bod. Rhoddodd ei ddwylo ym mhocedi'i tracis a rhoi trefn ar ei daclau. Paid â gadal nhw i fewn heb warant, dyna'r oll ti angen ei gofio, Al, dywedodd wrtho'i hun gan roi'i law ar ddwrn y drws a chymryd anadl ddofn.

Agorodd y drws gan roi terfyn ar ei fywyd tawel, digyffro am byth.

'Helo.'

'Mister Jones? Alun Jones?' gofynnodd dyn tua hanner cant oed yn ddifater, croen ei wyneb yn sych fel crocodeil, dim gwefusau ganddo, ac yn dolian ID dan drwyn Alun. Nodiodd Alun ei ben yn ateb a'i lygaid yn smiciog fel rhai hen ddoli oes Fictoria.

'DI Collins, this is my colleague, DC Jones.

Can we come in?' Safai DC Jones y tu ôl i'w ysgwydd yn gwenu'n ysgafn, yn amlwg yn llai na hanner oed y DI.

'Of course,' atebodd yn syth gan sefyll i'r naill ochr. Da rŵan, ffycin Scarface, meddyliodd. Dyma'r tad a'r mab yn cerdded yn hamddenol i mewn i'r fflat a llygaid y tad yn crwydro i bob cyfeiriad yn union fel ma copars yn 'i neud ar y teledu. Edrychai'r mab, DC Jones, fel pe bai cywilydd arno am ymyrryd ar ei baradwys amlwg, a chododd ei ysgwyddau ac edrych i ffwrdd fymryn i'r chwith o lygaid Alun – y wên yn gorwedd yn llipa ar ei wyneb bocha tew.

'Iawn?' mentrodd Alun, wrth gau'r drws.

'Su'mai?' atebodd, a'i acen Pen Llŷn yn amlwg drwy'r drewdod nicotîn ar ei wynt.

'Ga' i ofyn am be ma hyn?'

'Ask the Boss,' atebodd Jones, pwyntio at y DI a gwrido.

'Are you also known as the writer Alun Cob?' gofynnodd y DI gan droi i'w wynebu.

'My pen name,' atebodd Alun a chwerthin yn betrusgar. 'They may not be classics but my books don't warrant a criminal investigation, do they?'

Anwybyddodd DI Collins y jôc a gofyn heb wenu, 'You live alone?'

'Y-hy,' meddai Alun wrth grafu'i fron yn nerfus

drwy ddefnydd ei grys taid â'i ddwy law. Roedd ei lais wedi mynd yn drwynol gan fod ei sbectol wedi suddo i lawr i wasgu'i ffroenau ynghau.

'Married? Girlfriend? Flatmate?' Cododd DI Collins fẁg o de amser cinio Alun a rhoi ei law o gwmpas y mẁg wrth siarad.

'No,' tagodd Alun ac ailadrodd hynny wrth wthio'i sbectol 'nôl i fyny'i drwyn. 'No. Neb. No one. No.'

Roedd DI Collins wedi gosod y mẁg yn ôl ar y bwrdd coffi isel ac yn codi ail fẁg wrth ei drontol oddi ar fat diod arall – paned bore Alun.

'And you own the record shop downstairs, is that right? Also called Cob, isn't it?'

'Cob Bach. It's a play on words thing.' Rhoddodd Alun ei fawd chwith yn ei geg a dechrau cnoi'i ewin.

'Not the same as the Portmadoc business?'

'It's a joke. A Caernarfon joke. I used to work in the Cob shop in Bangor, years ago.'

'I don't get it,' meddai'r DI wrth osod y mẁg yn ôl ar y bwrdd.

'Can I ask what this is about?' meddai Alun gan edrych dros ei ysgwydd ar DC Jones, ond roedd y plisman ifanc wedi diflannu. Ymddangosodd yn nrws y coridor yr ochr dde i Alun, yn ymyl y gegin fach agored.

'All clear,' meddai'r DC gan edrych heibio i Alun at ei gyd-weithiwr.

'I'm going to ask you to come down to the station with us to answer a few more questions, Mr Jones. Are you okay with that?' gofynnodd y DI.

Eisteddodd Alun ar fraich y soffa a chrafu'i wallt blêr ar gorun ei ben. Syllodd ar DI Collins â'i dalcen wedi'i rychu.

'No, not really.' Edrychodd wedyn ar y DC. 'Be uffar sy'n digwydd yn fama?'

'He's asking ...'

'Yeah, I got it,' meddai'r DI. 'Listen, Mr Jones. We need to have a talk with you about certain events that have recently come to our attention. If you've nothing to hide, then you've nothing to worry about. You're not under arrest but I must inform you that you do not have to say anything, but anything you do say may be given in evidence. Is that clear?'

'So I'm under caution, but not under arrest? Do I need a solicitor?'

'Up to you, but you do need to put some shoes on.' Roedd y DI yn edrych i lawr ar slipars Alun, ei draed i fyny penolau dau gi Westi du a'u llygaid bach o blastig duon yn syllu i fyny arno'n ymbilgar.

*

Cododd Alun yn sydyn oddi ar ei sêt blastig yn yr ystafell gyfweld wag, wedi cael llond bol. Aeth at y drws caeedig ac edrych allan drwy'r ffenest fach hirsgwar ar y coridor llwyd. Neb o gwmpas. Curodd hanner dwsin o weithiau ar y drws gan weiddi. 'It's been an hour. Helo! Da chi'n cofio amdana fi? You can't keep me …' Cydiodd yn nolen y drws. 'Hel …' Agorodd y drws tuag i mewn wrth iddo dynnu ar y ddolen. '… o!'

Camodd allan i'r coridor. Neb o gwmpas. 'Helo?' Dim ateb. Gwelodd fod drws toiled Merched ychydig i lawr y coridor, gyferbyn ag 'Interview Room 1', fel roedd yr ysgrifen wen ar blac bach du sgwâr ar y drws yn ei hysbysu. Cerddodd i lawr y coridor heibio i'r Merched a chanfod y drws i'r Hogia. Pan ddaeth allan, funudau yn ddiweddarach, safai DC Jones hanner ffordd rhwng yr ystafell gyfweld a'r toiled yn pwyntio tuag ato. 'Yn mynd i yrru'r *search party* allan i chwilio amdanoch chi, Mr Jones.'

'Ysgwyd llaw efo tad y mab,' esboniodd Alun, yn dal i chwarae hefo'i falog. 'Ac Alun, plis.'

'Cefin, hefo C. Ma'r DI arall 'di cyrra'dd, sori bod chi 'di gor'od disgwl.' Roedd y DC yn gwahodd i Alun fynd heibio iddo gyda'i fraich estynedig.

'Boi gwahanol? Pam?'

'Ma DI Grossi'n siarad Cymraeg.'

'Ac mae hynna'n berthnasol, sut?' gofynnodd Alun wrth basio heibio iddo.

'Dwi'm yn gwbod, a bod yn onest, mêt,' meddai Cefin a chodi'i ysgwyddau.

Agorodd Alun ddrws 'Interview Room 1', ac yno roedd y DI yn eistedd a'i gefn llydan bron â chuddio'r bwrdd o'i flaen. Trodd yn ei gadair ac edrych i fyny ar Alun, a gwên lydan ar ei wyneb. Cododd ar ei draed yn llawn egni ac yn syndod o osgeiddig, o ddyn mor fawr.

'Alun! Sut wyt ti? *Long time, no see.*' Cynigiodd ei law iddo.

'Ydw i'n nabod chi?' Ysgydwodd Alun law'r DI ac edrych arno'n ymholgar. Sugnodd y DI newydd ei fochau mawr coch i mewn gymaint ag y gallai a chydio yng ngarddwrn Alun, gan ddal i ysgwyd ei law. Plygodd i lawr ryw droedfedd nes ei fod yn edrych yn syth i ganhwyllau llygaid gwag yr awdur. A mwyaf sydyn, canodd cloch bell i ffwrdd ym mhen Alun. 'Keith! Keith Bach?'

'*Got it in one,*' meddai'r DI wrth ollwng ei afael yn llaw Alun a rhoi ei law dde i orwedd ar ei ysgwydd yn hytrach. 'Lot mwy ohona i rŵan, cofia.'

'Blydi hel, Keith Bach. Pan ddudodd y DC fod 'na DI Rossi isho siarad hefo fi, 'nes i'm meddwl ...'

'Grossi. Mam yn Italian. Dyna pam roedd pawb

yn galw fi'n Keith Bach yn ysgol. *Surname* 'bach yn rhy *exotic* i Syr Hugh.'

Tynnodd Grossi'r gadair yn ôl oddi wrth y bwrdd yn wichlyd ac eistedd arni heb dynnu'i lygaid oddi ar Alun. Patiodd y bwrdd o'i flaen. 'Ista.'

Gwenodd Alun a rhedeg ei ddwylo drwy'i wallt cyn crafu cefn ei glustiau a dweud, 'Dwi'n blydi *confused*, Keith. Pam 'dw i 'di bod yn disgwl chdi yn fama am fwy nag awr?'

'Fi 'di gor'od dod o Gonwy heddiw, sori am hynna. Am fod fi'n siarad Cymraeg, 'li.'

'A sut ma hynna'n berthnasol?'

'Ista, Alun.' Edrychodd Grossi i fyny arno'n gyfeillgar cyn nodio'i ben yn araf. 'Ista.'

Ochneidiodd Alun yn ysgafn cyn ufuddhau. Aeth yr ystafell yn dawel am eiliad hir wrth i wynebau'r tri dyn setlo i lonyddwch difynegiant.

'Reit 'ta,' dechreuodd Grossi yn dawel. 'Dal efo fi am eiliad.' Pwysodd fotwm coch ar y bocs hirsgwar i'w dde ar y bwrdd, yn agos at y wal. Twrw corn am hir, fel bad ar goll yn y niwl.

'Interview Room …' Edrychodd Grossi dros ei ysgwydd ar y DC, cododd hwnnw'i fys bawd. '… One. September fifteenth twenty-fourteen. DI Keith Grossi and DC Cefin Jones interviewing, under caution, Mister Alun Jones, also known as the writer Alun Cob.' Edrychodd ar watsh arian anferth ar ei arddwrn blonegog. 'Two o' five p.m.' Rhoddodd ei arddyrnau i orwedd ar wahân ar y bwrdd, ei fysedd yn chwifio'n brysur yn yr aer, fel petai'n ceisio cosi bol brithyll anweledig. Edrychodd ar Alun am ychydig cyn gwenu mwyaf sydyn a rhoi ei fysedd i gadw yn daclus yn ei ddyrnau, ei fodiau am i fyny. 'Rŵan 'ta, Alun?'

'Keith?'

'Diolch i chi am ddod i fewn, heddiw.'

'Croeso, dim bod gynno fi lawer o ddewis ...'

'Chi 'di ca'l cynnig cyfreithiwr?'

'Do, ond dwi'm angen un heddiw, nadw?'

'*Your call*,' oedodd am eiliad cyn gofyn, 'Dach chi'n sgwennu llyfrau, dwi ar ddallt?'

'Ti, plis. Yndw. Ond fel roeddwn i'n gofyn gynna ac i dy ffrind yn fanna, sut ma hynna'n berthnasol? Be sy'n mynd ymlaen?'

'A ma gynno chi, sori, gynno chdi un newydd allan ar hyn o bryd? Llyfr hynny yw.'

'Cyn bo hir, oes. Allan diwedd mis.' Roedd y rhychau'n mynd yn ddyfnach ar dalcen yr awdur gyda phob ymholiad.

'A be ydi enw'r llyfr newydd yma, Alun?'

'Be ydi hyn, Keith? 'Dan ni 'di ca'l 'yn transportio i Nazi Germany neu rwbath?' Chwarddodd Alun yn ysgafn.

Cydiodd Grossi yn y ffeil wrth ochr y bocs

recordio yn ymyl ei law dde a dechrau tynnu'r ddwy dolen lastig wrth ei chorneli. Rhoddodd ei law i fyny gan ddangos ei gledr i Alun.

'Enw'r llyfr newydd, Alun?'

Ochneidiodd Alun ac am ryw reswm dirgel dechreuodd wrido. Rhoddodd ei fysedd oer ar ei fochau, ei groen yn ysu'n iasol.

'*Sais. Sais* 'di enw'r llyfr newydd. *Sais*, ocê?'

'A be 'di stori'r llyfr 'ma, os ga i ofyn? *Sais.*' Dywedodd Grossi'r teitl yn ddramatig, a'i lygaid yn nawddoglyd o fawr.

'Jyst, *thriller* ydi o. Rhyw fath o *post-modern, cat-and-mouse thing. Thriller* Cymraeg.'

'Fath â Lee Child neu Jo Nesbø neu rywun?'

'Dim cweit, ond ia, math yna o beth, am wn i.'

'Ond yn Gymraeg?'

'Ia, yn Gymraeg, rhan fwya ... *Sort of.*'

'A be 'di'r stori yn y *thriller* yma? Ble ma'r stori'n digwydd? Cymru?'

Gwyrodd Alun ei ben a syllu ar ei fysedd yn chwarae gyda chortyn ei dracis.

'Ma hyn yn wirion.' Cododd ei ben. 'Dwi'n gadal os na dwi'n ca'l gwbod am be ddiawl ma hyn i gyd.' Teimlodd flew bach ei war yn codi dan ei wallt, ei dymer yn dod i'r berw.

Agorodd Grossi y ffeil denau: hanner dwsin o luniau 8"x6" ac ambell bapur A4 y tu mewn iddi.

Cydiodd Grossi yn y lluniau a dechrau shifflad drwyddynt yn hamddenol. Cafodd Alun gip ar fflachiadau o goch ymysg tywyllwch cyffredinol y delweddau.

'Hwn, a hwn, dwi'n meddwl,' meddai Grossi wrth osod dau lun ar y bwrdd o flaen Alun.

Edrychodd ar y lluniau a llamodd ei galon yn ei fron mewn braw. Roedd wedi drysu ond rywsut, roedd hefyd yn gwybod yn union beth oedd wedi digwydd. Gorweddai corff ar ddarnau porffor o lechi mân ar y llawr. Gwisgai gôt coch ysgafn a jîns glas tywyll, esgidiau cerdded am ei draed. Roedd ei wyneb yn llawn angerdd, fel pe bai ei wên wedi mynd yn rhy bell. Gorweddai'i ddwylo ar ei fol, ei fysedd agored wedi'u cyrlio mewn bachau creulon o wahanol faint. Roedd ei lygad chwith yn llydan agored a'i lygad dde wedi hanner cau a'r iris wedi suddo i'r gornel wrth bont ei drwyn. Roedd y dyn tua hanner can mlwydd oed, efallai ychydig yn hŷn, yn amlwg wedi marw. Aeth ias i fyny cefn Alun a'i sythu'n gorfforol yn ei gadair wrth iddo syllu ar y darn papur gwyn ar gorff y dyn, rhwng y dwylo erchyll. Ysgydwodd ei ben yn gegrwth gan geisio dygymod â'r ddelwedd o'i flaen.

SAIS

Dyna'r unig air oedd ar y cerdyn.

'Be 'di hyn? Jôc?' Cydiodd Alun yn yr ail lun; sef golwg agos ar y cerdyn hirsgwar ar gefndir coch y siaced law.

SAIS

'*Proofs* i'r clawr 'di rhain, ia?' gofynnodd yn obeithiol, ond ei lais yn llawn panic yr anobeithiol.

'Dim *artist's impression* ydi'r rhain, Alun. Dyn o'r enw Francis Rutherford o Dalysarn ydi hwn. Wedi'i ffeindio bore 'ma gan ddynes yn cerdded ei chi yn chwarel Dorothea. Twll *high velocity gunshot* yn ei frest. Neb arall o gwmpas, dim gwn o gwmpas. Dim ond y nodyn yma.' Pwyntiodd Grossi un o'i fysedd tew at y llun agos yn nwylo Alun. 'Wedi'i swpyrgliwio i'w siaced.'

'Tydi hynna'm yn bosib. Ma hyn yn nyts!' meddai Alun wrth ollwng y llun yn ddiystyriol ar y bwrdd. 'Jôc ydi o, ia? Dach chi'n tynnu 'nghoes i? *C'mon, got to be?*' Defnyddiodd y bwrdd i wthio'i hun oddi wrtho, â choesau'r gadair yn sgrechian ar y leino. Edrychodd Grossi arno'n ddifynegiant, blaen ei fys bawd wedi'i suddo i'r twll Kirk Douglas amlwg yng nghanol ei ên. 'Un ergyd, Alun. O bell. Y fwled yn taro asgwrn ei ysgwydd ar y ffordd drwodd ac yn ei chwalu'n ddarna. Wedyn yn ratlo o gwmpas 'i gorff o fath â newid mân mewn *piggy bank*. Nid y ffordd brafia i ddechra dy wythnos … Mr Rutherford druan. Nabod yr enw, Alun?'

'Erioed 'di clywad am y dyn.'

Cododd Grossi lun arall o'r ffeil a'i osod o flaen yr awdur.

'Dyma fo pan tydi o ddim wedi marw. Nabod o rŵan?'

Syllodd Alun ar y llun: dyn canol oed yn gwenu'n fodlon ar y camera, rhywbeth tebyg i gath yn ei ddwylo, ond nid cath chwaith. Ysgydwodd ei ben yn araf, gan rythu'n boenus o ddifrifol.

'Coala, ydi hwnna, meddai'i Ecs o, trip i Awstralia ddeng mlynadd yn ôl i briodas eu merch. Oedd o'n casáu cael tynnu'i lun, yn ôl Nerys.'

Cododd Alun ei ben yn araf. 'Cymraes ydi hi?'

'Ei wraig o? Wel, 'i Ecs o. Ia, dynas o Ddyffryn Nantlle. Dal i fyw ym Mhenygroes, dreifio tacsis. Uffar o sioc. Dyn distaw a *boring*, medda hi. Byth yn ffraeo hefo neb. Dim gelynion, cyn bellad ag roedd hi'n wbod. Uffar o sioc. Ti'n nabod unrhyw Nerys, Alun?'

Ysgydwodd Alun ei ben ac ochrau'i wefusau'n troi am i lawr. 'Dwi'm yn meddwl.'

Rhoddodd Grossi ei law dde i fyny yn uwch na'i ysgwydd gan ddal ei gledr allan fel pe bai'n disgwyl i rywbeth lanio yno, heb ddweud yr un gair.

Estynnodd y DC ffôn o'i siaced cyn pwnio'r sgrin sawl gwaith a'i osod yn llaw disgwylgar ei uwch-swyddog. Dangosodd Grossi lun ar y sgrin o ddynes ganol oed, gyffredin yr olwg, i'r awdur gan godi'i aeliau.

Ysgydwodd Alun ei ben eto. 'Dwi'm yn 'nabod hi.' Heb sylweddoli ei fod yn gwneud, dechreuodd gnoi gewin ei fawd. "Dio'm yn neud sens. Dwi'm yn dallt.'

'Fel medri di gesio, dwi'n gor'od gofyn,' meddai Grossi wrth roi'r ffôn yn ôl i'r DC cyn gosod ei ddwylo mawr ar eu gwastad ar y bwrdd a lledu ei fysedd. 'Lle oeddach chdi neithiwr a bore 'ma, rhwng hanner nos a hanner dydd? Meddylia'n ofalus cyn ateb, Alun.'

'Dwi'm yn gor'od meddwl. Adra yn y fflat. Holl amser.'

'Yr holl amser?'

'Bob eiliad. 'Nes i gamu allan o'r drws pan a'th ffrind i fi 'nôl i'w fflat fo'i hun tua un y bora. Ond, fel arall …'

Roedd Grossi yn gwneud nodiadau ar un o'r papurau A4 o'r ffeil. 'Enw'r ffrind?'

'Dave. Dave Abensur. Fo sy'n agor y siop i fi ar ddydd Llun. Mecanic ydi o, yn siop teiars dre, ond mae o *off* ar ddydd Llun. Dwi i fod yna rŵan hyn, fel ma hi'n digwydd bod,' meddai Alun gan edrych ar ei watsh. 'Ga i ffonio fo?'

'Be oeddach chi'n neud, tan un y bore, os ga i ofyn?'

Edrychodd Alun ar y DI am eiliad hir. Roedd o'n gallu gweld wyneb yr hogyn ysgol yn cuddio dan yr holl floneg, yn rhywle. 'Dwi'n gweld be ti'n neud, Keith. Yn peidio ateb fy nghwestiynau o gwbwl. Goruchafiaeth seicolegol. 'Bach yn amlwg, ti'm yn meddwl?'

Gwenodd Grossi yn dangnefeddus cyn dweud yn dawel, 'Mae'n amlwg fod yna rywbeth anghyffredin, ac ofnadwy o *serious* yn mynd ymlaen yn fama, yn tydi? Rhaid i fi drio ffeindio allan be oedd symudiadau pawb sy'n cael eu crybwyll yn ystod yr ymchwiliad, yn does? Y ffordd gyflyma i wneud hyn ydi trwy sticio at y dasg honno, ti'm yn meddwl? Wedyn, dyna dwi'n trio canolbwyntio arno, Alun. A dim byd arall. Ocê?'

Rhwbiodd yr awdur ei wallt blêr ar gefn ei ben gyda llaw agored. 'Ia, iawn. Ocê. Sori, caria mlaen.'

'Neithiwr?'

'Ma Dave yn byw lawr grisia. Fflat 1B. Weithia ar nos Sul fyddan ni'n gwatshad cwpwl o ffilms. Cadw ni allan o'r Black Boy. Am noson o leia.'

'A neithiwr?'

'Neithiwr, be? O! Coen Brothers, *triple bill*. Darfod efo ffilm yr het, *Miller's Crossing*.'

'Albert Finney, a lot o *Tommy guns*. Dewis da.

A cyn hynna?' gofynnodd Grossi heb godi'i ben wrth ysgrifennu.

Edrychodd Alun ar y nenfwd o bolystyren gwyn. Ochneidiodd cyn dweud, 'Cychwyn hefo un eitha *obscure, The Man Who Wasn't There*. Du a gwyn. Billy Bob Thornton. Roedd o yn y gyfres *Fargo* yn ddiweddar, os welis di o. 'Nes i ddim, beth bynnag. Rhyw fath o *homage* i ffilm *noir*. Wedyn, toc wedi naw, comedi. Un o hoff ffilms Dave, *The Hudsucker Proxy*. Dwi'm yn lecio hi llawer, gormod o *slapstick*. Ond ma Paul Newman ynddi, felly … *swings 'n roundabouts*.'

''Fath â ca'l Barry Norman yn y stafell,' meddai DC Jones, gan achosi i Grossi droi yn ei sedd i syllu arno am ychydig.

Trodd 'nôl a darfod ysgrifennu rhywbeth cyn gofyn. 'Ac ar ôl i Mr Ab …' Edrychodd ar ei nodiadau. '… Abensur adael? Be wedyn?'

'Gwely wedyn, Keith. Wel, brwsio dannedd gynta.'

'Falch o glywad,' meddai Grossi yn ddi-wên. 'Bore 'ma wedyn?'

'Wel, codi tua wyth, *half past*. Brwsio dannedd …'

Syllodd Grossi arno, 'Ar ôl i chdi frwsio dy ddannedd?'

'Dim byd, *really*. Ffoniodd ffrind i fi tua deg, ballu.'

'Pwy?'

'Gwen. Gwenllian Lloyd. Fflat 1A, lawr grisia, 'run adeilad.'

'Ffôn y fflat, 'ta *mobile*?' gofynnodd Grossi, yn dal i ysgrifennu.

'*Mobile*. Pwy s'gyn *landline* dyddia yma?'

'Ga i weld dy ffôn di?'

'Mae o yn y fflat. 'Nes i ddim dod â fo. Dyna pam oeddwn i'n gofyn os fyswn i'n ca'l ffonio Dave. Os bysa'n ffôn i gynno fi fyswn i wedi gneud yn barod.'

'Rhywun arall?'

'Na, *that's it*. 'Nes i sgwennu chydig ar fy *laptop*. A syrffio chydig ar y we. Fydd 'na record o hynna yn yr *history*.'

'Bydd, digon gwir. Lle fuest ti ar yr *internet*?'

Chwaraeodd bysedd ei law dde gyda bysedd ei law chwith wrth iddo feddwl. 'Y *Guardian*, IMDB a'r *Daily Mail*, ond dim ond i gael resipi *potato dauphinoise* oeddwn i'n ffansi neud heno. Paid â dal hynna yn fy erbyn i!'

Chwarddodd Grossi. 'Dyna be ma hanner y cops yn fama'n ddarllen. Y *Sun* i'r hanner arall. Dyn y *Financial Times* ydw i, yn bersonol.'

'Y ... Y *Daily Post*,' mentrodd DC Cefin Jones wrth godi'i law.

'Heblaw am y *country bumpkin* yn fama, 'ta. So, fydd raid i ni gael gweld dy ffôn di a dy *laptop* a fyddan ni'n siarad efo dy ffrindia. Yr unig beth arall ydi'r llyfr yma, *Sais*.'

'Sut dach chi 'di cysylltu fi hefo'r mwrdwr yma, neu beth bynnag ydi o?'

Edrychodd Grossi arno am ychydig hirach nag oedd yn gyfforddus i'r awdur. 'Ni'n darganfod corff. Sydd, heb os, wedi cael ei fwrdro. Mae 'na *clue* anferth yn cael ei adael, cerdyn hefo'r gair 'Sais' arno fo. *Hate crime*, efallai. Ond peth od ar y diawl. Mae DI Collins, oedd ar *duty* bore 'ma yn Gwglo'r geiria "Sais on a card", a dyma synopsis dy lyfr di yn dod i fyny ar wefan Gwasg Gomer. Trydydd i lawr ond, fel ti'n wbod, yn *direct hit*.'

'Dach chi 'di siarad hefo Gomer?'

'Do. Pwy sy'n gwbod am stori'r llyfr 'ma, Alun?'

'Unrhyw un sydd hefo mynediad i'r *internet*, fyswn i'n awgrymu.'

'Tydi o 'mond wedi bod i fyny ers pythefnos,' meddai Grossi, yn codi'i ddwylo. 'Ma rhywun wedi planio hyn ers amser, fyswn i'n awgrymu.'

'Fysa chdi'n awgrymu, Keith? Siriys? 'Dach chi'n mynd i gesio pwy laddodd y cradur druan 'na felly, yndach?'

'Pwy sy'n gwbod am y stori, Alun?'

Ochneidiodd yr awdur a chrwydrodd ei lygaid tuag at y lluniau o Mr Rutherford ar y ddesg.

'Dave a Gwen a'r ferch 'ma dwi 'di bod yn 'i

gweld, dim byd siriys, jyst rwbath *on-off*. Nia, mae'n gweithio'n y castell. Yr un mawr, ddim y dafarn … Elinor, fy ngolygydd i'n Gomer; Elinor Wyn Reynolds.' Arhosodd am ychydig yn chwarae gyda'i fysedd ac yn meddwl. 'Neb arall. Heblaw am pwy bynnag ma Gomer wedi gyrru'r llyfr iddyn nhw i'w ddarllen: adolygwyr a'r cyfryngau ac yn y blaen. Llwyth o bobl, am wn i.'

'Ac maen nhw yn y sowth, yndan?'

'Gomer? Yndyn, ydan.'

'Unrhyw un arall, yn y gogledd wyt ti wedi crybwyll y stori 'ma wrthan nhw? Meddylia'n ofalus, Alun.'

'Teulu falla?' cynigiodd DC Jones.

'Does gynna i ddim *teulu*,' atebodd Alun gan roi dyfnodau gyda'i fysedd o amgylch y gair. 'Wel, neb dwi'n dal mewn cysylltiad hefo nhw, beth bynnag.'

'Rhywun yn y siop, neu yn y Black?' awgrymodd Grossi wedyn.

'Na, neb. Dwi'n berson eitha preifat. Dwi'm yn lecio *rhannu*.' Rhoddodd y gair yma eto mewn dyfnodau gyda'i fysedd gan wneud nodyn iddo'i hun yn feddyliol i beidio byth â gwneud hynny eto.

Arhosodd Grossi am ychydig, a'r ddau hen gyfaill ysgol yn edrych ar ei gilydd. 'Ocê, ocê. Be ydi stori'r nofel 'ma 'ta? Deu' 'tha fi am y *Sais*, y llyfr.'

Sylwodd Alun fod ei goes dde yn ysgwyd fel pe bai'n ceisio rhoi gwynt mewn teiar beic ar frys a chymerodd ychydig eiliadau i'w llonyddu. Rhoddodd ei ddwylo i fyny o'i flaen. 'Y peth ydi, pan welais i'r ffycin llunia 'na ...' Pwyntiodd at y lluniau o Francis Rutherford farw. '... roeddwn i'n gwbod yn syth beth digwyddodd. O'n i 'di plotio'r holl beth allan yn barod, fisoedd yn ôl.'

'Be ti'n feddwl?' gofynnodd Grossi wrth godi'i ên fymryn fel pe bai'n clustfeinio ar rywbeth.

'Rhyw fath o *Russian doll* ydi'r holl beth, ti'n gweld.'

'*Russian doll*? Un fach yn cael ei llyncu gan un fwy ac un fwy wedyn yn llyncu honno? Y math yna o ddol?'

'Dyna chdi, y math yna o beth. Mae'r *Sais*, y llyfr dwi newydd sgwennu yn sôn am nofelydd, tebyg i fi ond ddim cweit, o'r enw Alun Cob sydd newydd gyhoeddi llyfr o'r enw *Sais*. Ac yn y llyfr hwnnw mae 'na lofrudd yn mynd o gwmpas gogledd Cymru yn lladd Saeson ac yn gadael cerdyn ar y cyrff marw.'

'Hefo'r gair "Sais" wedi'i sgwennu arno, dwi'n cymryd,' meddai'r DI.

'Corectymwndo! A'r syniad oedd bod y llofrudd yma'n dynwared y stori yn llyfr Alun Cob ac yn cael yr awdur i bob math o drwbl efo'r heddlu ac i drwbl yn wleidyddol hefyd, ac yn y blaen.'

'Pam bod y llofrudd yn lladd Saeson yn y llyfr o fewn y llyfr yma, 'ta?' gofynnodd Cefin Jones, y DC.

'Am ei fod o'n dynwared plot yn llyfr yr awdur yn llyfr Alun Cob,' atebodd Alun, yn rhannu dau ddarn dychmygol o dorth anweledig ar y bwrdd gyda'i ddwylo. 'Mae'r un peth yn union yn digwydd i gymeriad o'r enw Alun Cob, sydd yn fersiwn arall eto ohona i, yr un sydd yn llyfr yr Alun Cob dwi'n sgwennu amdano. Mae o fel *Russian doll*, ti'n gweld?' Torrodd dafell arall o'r dorth ddychmygol.

'Ac felly dyna sydd wedi digwydd yn fama? Rhywun sydd yn copïo'r stori yn y llyfr, neu'r llyfrau o fewn y llyfr yma,' meddai'r DI, a rhychau canolbwyntio'n ymddangos am y tro cyntaf ar ei dalcen pinc.

'Ia, heblaw y syniad oedd bod rhywun gwahanol â rhesymau gwahanol dros ladd ym mhob un o'r fersiynau gwahanol o'r stori. Rhyw fath o *Dante's Inferno* i'r awdur ond sydd yn gwaethygu wrth i ti agosáu at realiti.'

'A dyma ni,' meddai Grossi. 'Yn y byd go iawn. Ond pam *Sais*? Pam Saeson?'

'Am ei fod o'n siŵr o greu helynt, codi gwrychyn. Pobl yn gneud ffỳs a wedyn mae'r llyfr yn cael sylw. Be 'di'r dywediad – There's no such thing …?'

'Dwi'm yn meddwl fysa Mr Rutherford yn cytuno,' meddai Grossi cyn hanner troi yn ei sedd ac edrych ar ei watsh. 'DC Jones, *leaving the room, two twenty three p.m.* Llefrith, dim siwgwr. Te neu goffi, dio'm ots,' meddai wrth edrych ar Cefin, wedyn ar Alun.

'Dwi'n iawn,' meddai'r awdur.

'Ti'n siŵr? Fyddan ni yma am chydig eto, 'sti.'

'Be 'di chydig?' gofynnodd Alun, yn plethu'i freichiau ac yn eistedd 'nôl yn un lwmp ar ei gadair.

'Awr neu ddwy? Mynd trwy pob dim yn fanwl.'

Edrychodd Alun ar Grossi, yna ar y DC ac yna'n ôl at DI Grossi. 'O ddifri? Ga i fenthyg ffôn rhywun i ffonio Dave yn y siop, o leia?'

Pennod 2

EISTEDDODD HI AR YMYL Y GWELY, ei chorff noeth ar y cwilt gaeaf trwchus. Bachodd yn un o gylchoedd belt ei jîns gyda bawd ei throed a'i godi oddi ar y llawr o'i blaen. Cydiodd yn y dilledyn ac estyn paced o sigaréts o'r boced ôl.

'Fiw i chdi,' meddai Richard, yn gorwedd wrth ei chefn ar y gwely dwbl. 'Ma nhw'n cwyno yn y fflat fyny grisia. Cl'wad ogla bob dim.'

Edrychodd hi dros ei hysgwydd, gwên fach slei ar ei hwyneb tlws. 'Be ti'n neud os tisho taro rhech?' Chwarddodd Richard arni, ei lygaid yn llydan fel pe bai wedi cael braw wrth glywed ei hiwmor cwrs. 'Be os 'na i agor ffenast? Sticio 'mhen allan?'

'A dangos dy ditis i bawb ar y stryd?'

''Dan ni, be – pedwar llawr i fyny?' Nodiodd Richard arni wrth iddi godi a throi i'w wynebu. Roedd hi'n llymnoeth. 'Maen nhw'n mynd i or'od ca'l par o finocs *powerful* i weld rhein, felly tydyn,' meddai hi'n cydio mewn dwy lond llaw, a dim mwy, o'i bronnau noeth. Tynnodd daniwr rhad allan o'r paced Marlboro hanner llawn a rhoi sigarét yn ei cheg. Cerddodd allan o'r stafell wely ddiffenest i mewn i'r stafell fyw anferth. Roedd hi'n gallu synhwyro llygaid y dyn ifanc yn dilyn pob symudiad o'i phen-ôl taclus, ei bochau'n codi bob yn ail wrth iddi gerdded ar flaenau'i thraed ar hyd y llawr pren oer.

'Rho 'wbath amdanat, mae'n blydi ffrîsing,' gwaeddodd ar ei hôl.

'Dwi'n lecio bod yn oer,' meddai gan wthio'i phen yn ôl i'w olwg a chydio yn ffram y drws. 'Gynno fi thing am gwsbymps.'

'Gwsbymp ffetish? Dwi'm 'di clywad am honna o'r blaen.' Sylwodd y ferch ei fod wedi rhoi ei sbectol ar ei drwyn ar ôl iddi godi. I gael edrych arni hi'n mynd, siŵr o fod. Lapiodd hithau un goes siapus o amgylch ffrâm y drws a rhoi mwytha i'w dderw tywyll. Gwingodd Richard ar y gwely. 'Ffetish fframia drws. Hyd yn oed mwy secsi!'

'Ha!' chwarddodd y ferch gan ddangos ei phen-ôl eto am eiliad a rhoi chwip din iddi'i hun cyn diflannu o'i olwg.

'Lle ti'n mynd?'

'Smôc, smôc, smôc. Fydda i'n ôl am *round three* cyn bo hir, paid â phoeni.'

'Trydydd 'ta'r pedwerydd?' gofynnodd Richard.

''Di'r gynta 'na ddim yn cyfri, *one minute*

wonder!' gwaeddodd y ferch, wedi croesi'r stafell fyw fawr ac yn chwarae gyda bachyn un o'r tair ffenest anferth ym mlaen y fflat. Roedd ei chroen yn lliw efydd cyfoethog yn lleufer y lamp golau stryd gyferbyn â'r ffenest. Taniodd y sigarét a thynnu mygyn hir yn ddwfn i'w sgyfaint. Gwthiodd ei llaw a'i sigarét allan drwy'r ffenest a theimlo oerfel canol nos dechrau mis Ebrill yn pigo'i chroen tenau. Plygodd ei phen a'i wthio drwy'r agoriad a chwythu cwmwl hir o fwg a gwynt oer allan i'r nos. Tarth oren, prydferth yn erbyn golau'r lamp. Edrychodd i mewn i stafell fyw Richard a sylwi am y tro cyntaf ar resi o focsys cyfrifiaduron a sgriniau di-ri ar dri bwrdd wrth ochr soffa flêr ac anghyfforddus yr olwg. Roeddynt wedi cofleidio'n awchus wrth fynd i mewn i'r fflat yn gynharach, a hanner eu dillad yn swp ar lawr wrth ddrws y coridor. Gwelodd y ferch feic Richard ar lawr y coridor lle roedd wedi disgyn oddi ar ei fachyn ar y wal wrth iddynt ymrafael ar gyrraedd y cyntedd. Roedd pedal miniog y beic wedi sgathru crafiad hir ar draws cefn ysgwydd Richard wrth ddisgyn o'r wal ond cymaint oedd eu hangerdd am ryw fel nad oedd yr un o'r ddau wedi sylwi ar y pryd. Pan ddaeth y ferch ar draws y sgrech o friw coch yn ddiweddarach, roedd Richard wedi'i gyffroi ymhellach wrth iddi ei gyffwrdd yn ofalus cyn ei lyfu'n wlyb ac yn araf.

Cerddodd Richard, yn ei focsyrs du, i mewn i'r stafell yn rhwbio'i ddwylo. 'Blydi hel! Mae'n oer. Tisho rwbath i yfad?' Brasgamodd tuag at y gegin agored fechan wrth ymyl drws y coridor.

'Mae un o'r *computers*'na'n gneud twrw,' meddai'r ferch, yn anwybyddu'i gwestiwn.

Tywalltodd Richard wydriad o ddŵr byrlymog iddo'i hun. 'Dwi'n llnau *machine* i gwsmar. Transffyrio'i stwff o i gyd o hen *hard-drive* i un newydd. Trio'i llnau o 'run pryd.'

'Be sy'n bod efo fo?' gofynnodd y ferch wrth ollwng y stwmp allan drwy'r ffenest a'i chau.

'*Virus*. Uffar o un drwg. Ma'r *gangs*'ma, o'r Wcráin a llefydd, yn ffeindio'u ffordd i fewn i dy gompiwtyr di ac wedyn yn trio ca'l chdi i dalu am gael 'i wared o. Ond ti byth yn clywed gynnon nhw os ti'n talu. Mae hi fath â'r Wild West ar yr *internet*; tydi'r rhan fwya o bobl ddim yn sylweddoli ...' Symudodd Richard y llygoden wrth ymyl y cyfrifiadur swnllyd a deffrodd y sgrin. '... Ma'r boi yma'n 'ffernol o lwcus. Roedd o'n cachu plancia pan ffoniodd o.'

'Pam?'

'Sgwennwr ydi o. Roedd o'n poeni'i fod o wedi colli'i lyfr newydd pan aeth 'i gompiwtyr o'n ddu.' Chwaraeodd gyda'r llygoden a chlicio dogfen ar agor. 'A dyma nhw, *safe and sound*.'

Cerddodd y ferch yn dawel fel cath ar draws y

stafell a gafael yng nghluniau Richard. Neidiodd fymryn mewn braw. '*Jesus*, ma dy ddylo di fel blociau o rew.' Trodd a rhoi cusan ar dop ei gwallt. 'Dwi'n mynd 'nôl i gwely, ti'n dod?'

'Pwy fath o lyfra?' gofynnodd y ferch.

Symudodd Richard y llygoden ar y sgrin a chlicio ffeil ar agor. Ffeil Llyfrau Alun. Daeth rhestr arall o ffeiliau i'r fei. 'Welshie 'dio. *Thrillers* Cymraeg, dwi'm yn dallt y *titles*, hyd yn oed. *Pwll* rwbath, be 'di'r gair 'na? *Ynfyd*? Be 'di hwnna? Fath â un-byd, *one world*, ia? Rastafar-aiii?' Roedd o'n chwifio saeth y llygoden o gwmpas y gair ar y sgrin. 'Hwnna ddudodd o oedd o'n poeni amdano fwya.' Roedd y saeth yn chwifio o gwmpas ffeil o'r enw *Sais*.

'*Sais*?'

'That's the one,' meddai gan gau'r ffenestri un wrth un nes bod dim ond llun papur wal o'r sgwarnog gan Albrecht Dürer a hanner dwsin o raglenni cyfrifiadurol i'w gweld ar y sgrin.

'Sgin ti rwbath cryfach na dŵr i gynnig i hogan?'

Arhosodd Richard a meddwl am ychydig cyn ateb. 'Ma 'na gwrw'n y *fridge*, neu 'bach o brandi Dolig yn y cwpwrdd wrth ochr y sinc. *That's it* ar y *booze front*.'

'Gwydra?'

Dechreuodd Richard gerdded tua'r ystafell wely.

'Cwpwrdd wrth y popty. Brysia, cyn i chdi ga'l hypothermia.'

'*Wuss*!' meddai'r ferch yn gwenu ond gan edrych yn hytrach ar y bowlen wrth ochr sgrin loyw'r cyfrifiadur yn llawn darnau bach o blastig du yr un ffunud â'i gilydd. USB *sticks*, meddyliodd y ferch, handi.

'Ti'n dod?' gwaeddodd Richard o'r ystafell wely.

'Byddaf tro nesa 'ma, gobeithio,' atebodd y ferch yn gellweirus, gan gymryd un o'r teclynnau bach du allan o'r bowlen.

'Ha, ha!'

'Fydda i yna'n munud, dwi'n mynd i'r tŷ bach.' Gosododd y ddyfais yng nghyfrifiadur yr awdur.

'Brysia, Mirain.'

Nid Mirain oedd enw'r ferch go iawn. Ond roedd hi wastad wedi hoffi'r enw ac wedi penderfynu rhoi cynnig arno heno. Doedd hi erioed wedi bod allan ym Mangor o'r blaen ac nid oedd yn bwriadu gweld yr hogyn yma, Richard, byth eto chwaith. Cychwyn allan gyda'r merched eraill o'r gwesty, eu hanner nhw o Wlad Pwyl, mynd o gwmpas rhai o dafarnau'r ddinas. Colli'r merched tua deg a mynd i chwilio am ddyn. Pigo Richard i fyny, cystal ag unrhyw un arall roedd hi wedi'i weld, yn y White Lion tua hanner awr wedyn. Bonws bod ei fflat o rownd y gornel.

Roedd y ferch yn hoffi dwyn. Lladrata o siopau

yn bennaf. Siopleidr o fri oedd hi a heb gael ei dal unwaith. Dim byd pitw chwaith, dim ond pethau drud. Pethau gwerthfawr. Pethau gwerth eu cael. Gwerth eu dwyn. Persawr, gemwaith, dillad a phethau atodol, *designer gear* fel roedd y ferch yn eu galw nhw. Ffonau symudol cwpwl o weithiau, unwaith o John Lewis yng Nghaerdydd. Roedd yr aelod staff mor wasanaethgar ac ymgreiniol nes bron iawn â gwneud iddi deimlo ychydig yn euog yn llithro'r iPhone i mewn i'w bag Gucci.

Chymerodd hi ddim mwy na munud i gopïo'r ffeiliau i'r ddyfais USB. Roedd hi hefyd yn hoffi darllen, ond heb ddarllen llyfr Cymraeg ers pan oedd hi yn yr ysgol. *Un Nos Ola Leuad*, os oedd hi'n cofio'n iawn. Dim dwyn ydi hyn chwaith, meddyliodd, mwy fel torri i mewn i'r llyfrgell cyn iddi hi agor er mwyn benthyg llyfr. Cymerodd yr USB allan o'r cyfrifiadur a cherdded yn llechwraidd ar flaenau bodia'i thraed i'r toiled i'r dde o'r coridor a thynnu'r tsiaen.

'Dyma fi, Richie boi, *ready or not!*' meddai wrth ailymuno â'i charwr. Tynnodd yntau'r cwilt oddi ar ei gorff yn groesawgar. Roedd o'n noeth ac yn amlwg yn falch o'i gweld. Cydiodd y ferch yn y paced Marlboro cyn gosod y taniwr a'r ddyfais USB ynghudd tu ôl iddo'n ddidaro yn y paced. Roedd hi mor cŵl, fel na sylwodd Richard ar ddim.

'Fi ar ben chdi, tro 'ma.'

Pennod 3

Curodd Alun ar ffenest drws ei siop, yna codi'i law a phwyntio tuag at y fflatiau uwchben. Safai Dave tu ôl i'r cownter yn symud ei ysgwyddau i fyny ac i lawr ac yn geirio rhegfeydd arno. *Lle ffwc ti 'di ffycin bod?* Roedd hi'n hawdd darllen gwefusau mawr Dave, ei geg mor llydan â cheg clown ond heb y colur.

Roedd y drws ar gau ond roedd y gerddoriaeth i'w chlywed yn uchel allan ar y stryd. Pendonciai Rhys Wyllt wrth y cownter yn gwrando ar un o'i fandiau *death metal* bondigrybwyll. Dyna'r prif reswm pam nad oedd Alun wedi mentro i mewn i'w siop. Doedd arno ddim awydd clywed un o ddarlithoedd crwydrol Rhys Wyllt am un peth neu'r llall neu'r nesa, yn enwedig a'r gyflafan gerddorol yna'n gefndir iddo.

'Fydda i yn y fflat,' meddai Alun drwy'r gwydr â'i ffôn symudol mewn bag plastig yn un llaw ac yn gwneud ystum goriad mewn clo â'i law arall. 'Cau'r siop a ty'd fyny.'

Ma'r ffycin ffôn 'di bod yn ffycin nyts, geiriodd Dave gan ddangos ffôn y siop i'w ffrind gorau.

Rhythodd Alun arno am eiliad hir, gwen sur ar ei wyneb, cyn diflannu rownd y gornel am ddrws y fflatiau. Clywodd gnoc ar ffenest ochr Cob Bach wrth basio a Dave yn defnyddio'r ffôn i guro'r gwydr er mwyn cael ei sylw.

Ffycin awê, eto! ebychodd Dave yn ddi-sŵn. Clywodd Alun y ffôn yn canu'n farwaidd drwy'r gwydr. Pwyntiodd i fyny at y fflat eto cyn mynd ar ei hynt.

*

Byrstiodd Dave i mewn drwy'r drws. 'Be ffw ...?' Gwelodd Alun ar y soffa, ei law chwith i fyny mewn ymgais i roi taw ar ei ffrind a'i law dde yn dal ffôn symudol wrth ei glust. Aeth Dave yn syth at yr oergell ac estyn potel o gwrw iddo'i hun.

'Ia, Els, dwi'n dallt be ti'n trio'i neud. Ond ma 'na rywun wedi marw'n fama, ti'n gwbod. Rhywun go iawn.' Gwrandawodd Alun am ychydig. 'Wel, dim ffycin syniad fi 'di hyn, ocê? Dwi'n mynd, 'na i siarad efo chdi fory.' Gwrando eto. 'Ia, ia. *Fuck you very much*, Elinor. *Fuck you very much.*' Diffoddodd y ffôn a'i luchio'n ysgafn i dasgu oddi ar ddefnydd cefn y gadair freichiau gyferbyn.

41

'Pwy oedd hwnna? Be ffwc sy'n mynd ymlaen, Al? Be oedd y ni-nos isho efo chdi? Pam oeddan nhw isho gwbod pwy ffilms oeddan ni'n watshad neithiwr, *for fuck's sake*? A pam ma'r holl *reporters* 'ma 'di bod ar y ffôn trw'r pnawn?' gofynnodd Dave heb gymeryd anadl.

'Dos i nôl un o'r rheina i fi, nei di?' meddai Alun, yn gafael ym mhont ei drwyn.

Rhoddodd Dave botel o Nastro Azzurro i'w ffrind. 'Wel?'

'Ti'n gwbod y dyn 'na gath ei ladd yn Nhalysarn, bore 'ma?'

''Di ca'l 'i saethu neu rwbath.'

'Ia, wel. Be ti'n meddwl ffeindion nhw ar 'i gorff o?' Ysgydwodd Dave ei ben, a golwg ddwl ar ei wyneb hir. 'Cerdyn bach gwyn hefo'r gair Sais wedi'i sgwennu arno.'

'Fffyyyc offff!' meddai Dave yn uchel ac araf.

'Dim gair o glwydda. Ti'n coelio'r peth?'

'Dyna sy'n digwydd yn dy lyfr di,' cyhoeddodd Dave, fel pe bai'r wybodaeth yn newydd i Alun.

'A ti'n gwbod pwy oedd yn interfiwio fi yn y copshop?'

'Dim McNulty off y *Wire*?'

Llwyddodd Alun i wenu gwên wan. 'Keith Bach, o ysgol. Ti'n cofio fo?'

'Y boi tal, gwallt melyn 'na o Bontnewydd?'

'Hwnnw. Ond DI Grossi 'di enw fo dyddia yma. Doeddwn i'm yn dallt 'i fod o'n Italian, oeddach chdi?'

'Edrych mwy fath â Finn neu Austrian neu rwbath.'

'Beth bynnag, maen nhw 'di cadw gafael ar y *laptop* a 'di bod yn ffidlan hefo'r *mobile* 'na drwy'r pnawn.' Pwyntiodd Alun tuag at y ffôn ar y gadair fel pe bai'n elyn iddo.

Cododd Dave y ffôn ac eistedd ar y gadair. 'Hefo pwy oeddach chdi'n siarad gynna?'

'Elinor ffycin Reynolds, golygydd fi yn Gomer.'

'Pam yr *hate vibe, man*?'

'Gwranda ar hyn, iawn. Mae'r cops yn 'i ffonio hi pnawn 'ma ac yn gofyn iddyn nhw dynnu tudalennau hysbysebu'r *Sais* oddi ar wefan Gomer a'r Cyngor Llyfra. Trio cadw'r stori rhag mynd ar led cyn iddyn nhw gael *handle* iawn ar betha, ti'n gwbod?' Nodiodd Dave wrth gymryd llymaid o'i gwrw. 'Felly, be mae Elinor yn neud? Ffonio'i chontacts yn y Bîb a'r *Western Mail*.' Cododd Alun ei ddwylo'n agored o'i flaen.

'Be? A landio chdi yn y *shit*?'

'Isho'r stori allan iddi hi gael gwerthu llyfra. Oedd hi bron â dod, oedd hi wedi ecseitio cymaint ar y ffôn. Gwranda ar hyn 'ta. Mae hi wedi comisiynu Byron Davies i gyfieithu'r dam peth i'r Saesneg yn barod.'

'Tydi'r llyfr ddim allan am, be, pythefnos arall neu rwbath?'

'Diwedd wythnos yma, rŵan, medda Elinor. *Rush release*. A wedyn yn Saesneg diwedd mis.'

''Di hynna ddim yn gall!' meddai Dave.

'Ti'n gwbod be ddaru Eli-ffycin-nor alw fo? Dyn yn cael ei ladd yn union fel yn fy llyfr i? "Jacpot." Dyna ddudodd hi. "Ti wedi bwrw'r jacpot, Al." Ei hunion eiria hi. Jest cyn gofyn, "Dim ti *nath* ladd e, ife?" ' Ysgydwodd Alun ei ben cyn darfod ei gwrw a chodi i nôl chwaneg o'r oergell.

'Ti'n ddim byd i neud â'r peth, nag wyt?' gofynnodd Dave, rhoi ei botel wag i Alun a derbyn arsylliad cegagored anghrediniol gan ei ffrind yn ei ôl. 'Jôc! Jôc! Ti 'di colli dy *sense of humour*.'

'Dwi'n colli 'ngafael ar *reality*, dyna be dwi'n golli,' meddai'r awdur wrth roi potel arall i Dave gan ffeirio'r un wag am un lawn.

'Iechyd da!'

'Nath y cops ofyn rwbath arall i chdi? Heblaw amdan neithiwr?'

'Rhyw linyn trôns o lo Llŷn oedd o …'

'Cefin Jones, DC.'

'… *That's the one*. Gofyn oeddwn i wedi siarad am dy lyfr di hefo rhywun arall? Naddo! Wedi twîtio neu wedi postio rhywbeth ar *social media* am dy lyfr di? Naddo! Wedi rhoi benthyg copi o dy lyfr di i rywun

44

arall? *Trice* naddo! A dyna fo, *really. So long, copper!*' dywedodd y llinell olaf mewn acen Americanaidd wichlyd.

'Ti 'di gweld Gwen?'

'Mae hi yn gwaith, siŵr o fod. 'Di hi 'di trio ffonio chdi?' Daliodd Dave y ffôn allan i Alun.

'Pan ges i hwnna'n ôl gan y *police* ...' Dechreuodd Alun gan bwyntio at ei ffôn yn llaw estynedig Dave, 'roedd 'na dros ugain o *voicemail messages* a Duw a ŵyr faint o *missed calls* ar y diawl peth. Dwi'm 'di boddran mynd drwyddyn nhw i gyd. Edrych di.'

Dechreuodd Dave ffidlan hefo'r iPhone. 'Chwarter i bump, *four twenty*, *four ten*, pum munud i bedwar. Deg munud i, neges tro 'ma. Tisho'i chlywad hi?'

Nodiodd Alun a dechrau cerdded ar hyd y stafell.

'*Al, ti'n iawn? Ma'r heddlu newydd fod yma yn holi cwestiynau. Yn y swyddfa a pawb yn edrych. Ffonia fi pan ti'n ca'l hwn.*'

'W! *Stressed*,' meddai Dave a phletio'i wefusau. Canodd yr iPhone yn ei law a nodau main gitâr acwstig Muddy Waters yn pigo'u clustiau. Edrychodd Dave ar y sgrin. '*Spooky*! Gwenllian Lloyd.'

'Ateb di o,' meddai Alun yn sarrug.

Ochneidiodd Dave ac edrych arno'n ostyngedig. 'Gwen *baby*!' Gwrando. 'Mae o'n fama 'fo fi. Lle wyt ti rŵan?' Gwrando eto. 'Ty'd i fyny, 'ta. Fflat Al.'

Mae hi'n flin, meimodd Dave a rholiodd Alun ei lygaid. 'Iawn, iawn, wela i di'n munud.'

'Os byswn i 'sho dynas flin o gwmpas y lle fyswn i 'di pr'odi erbyn hyn, yn byswn?'

'*Sexist!*' meddai Dave gan wenu.

'Paid â cwotio fi,' meddai Alun, yn ôl wrth yr oergell yn estyn potel i Gwenllian. Agorodd drws y fflat ac ymddangosodd Gwenllian, roedd hi'n amlwg wedi bod yn siarad a cherdded i fyny'r grisiau'r un pryd. Cerddodd yn syth tuag at Alun heb ddweud gair a daliodd yntau'r botel allan iddi led braich wrth syllu i mewn i'r oergell. Cymerodd y ddynes fach ddel – tua phedair stôn yn drymach na'i phwysau delfrydol – y cwrw, cymryd llymaid hir a phwyso'i braich ar ymyl top llechen y gegin. Caeodd Alun ddrws yr oergell yn cnoi ar ddarn o bitsa neithiwr.

'*Spill the beans,* hogia,' meddai Gwen gan droi a phwyso canol ei chefn yn erbyn y top.

'Well i chdi ista, Gwen,' meddai Alun yn cerdded am y soffa.

'Well i fi, 'ta fyswn i'n lecio?' gofynnodd y ferch yn styfnig.

'Plesia dy hun,' meddai Alun yn ddiamynedd. 'Ond ma hyn yn mynd i dy lorio di.'

'Olréit! Olréit!' Brasgamodd Gwen fel milwr Sofietaidd tuag at yr hogia yn lolian ar y dodrefn. 'Am be ma hyn?'

Canodd Muddy'i gitâr eto. 'Unknown Number,' meddai Dave.

'Rho'r diawl peth i ffwrdd, nei di?' meddai Alun.

'Al laddodd y boi 'na yn Talysarn bore 'ma,' meddai Dave yn blaen wrth ffidlan hefo'r iPhone.

Edrychodd Gwen ar Alun a Dave ar Gwen ac Alun ar Dave. Ffrwydrodd Alun. 'Paid â jocian am y peth, Dave! Jiwdas Isgariot, be sydd arn'ti?'

'Pam fysa chdi'n jocian am beth felly?' gofynnodd Gwen wrth y llabwst o ddyn yn y gadair freichau.

'*Technically speaking*, mae o'n wir, yn tydi,' parhaodd Dave. 'Os bysa chdi ddim wedi sgwennu'r llyfr 'na …'

'O, ty'laen, Dave. Rho i mi doriad, fel mae'r Iancs yn ddeud.'

'Dwi'n *confused*,' meddai Gwen gan eistedd ar fraich feddal y soffa yn wynebu Alun.

'Cafodd y dyn bach *boring* a chyffredin 'ma – yn ôl yr heddlu – Mr Rutherford, ei ladd gan *sniper* neu rwbath, bore 'ma mewn chwarel rhwng Nantlle a Thalysarn, ocê?' dechreuodd Alun.

'Hwnna o'dd ar y newyddion?' gofynnodd Gwen.

'Na, un arall,' meddai Dave yn sarcastig cyn ychwanegu'n syth. 'Wrth ffycin gwrs mai hwnna o'dd ar y newyddion, lle ti'n feddwl wyt ti – Kiev neu rwla?'

Gwgodd Gwen arno.

'Wel, ma'r cops yn dod i nôl fi 'chos bod pwy bynnag ddaru ladd Mr Rutherford druan wedi gadael *calling card* ar 'i gorff o.'

'Be? Fatha cerdyn busnas, neu rwbath?'

'Blydi hel, Gwen, ti methu rhoi un ac un hefo'i gilydd heb sôn am ddau a dau,' meddai Dave yn ddig.

'O. My. God!' meddai Gwen wrth i'r geiniog ddisgyn. 'Sais!'

'Ffycin, Sais! Hwre!' ebychodd Dave gan slapio'i gluniau gyda'i gilydd mewn gorfoledd.

'Sais,' cadarnhaodd Alun. 'Wedi'i sgwennu efo inc a papur *home-made*.'

'Fel yn y llyfr,' meddai Gwen.

''Run fath yn *union* ag yn y llyfr,' meddai Alun.

'Ond os 'na dyna sydd yn digwydd yn y llyfr, mae Dave yn iawn, 'dio ddim?'

'*Et tu, Brutus*,' meddai Alun wrth edrych yn siomedig ar Gwen.

'Pwy ddiawl fysa'n neud ffasiwn beth?' gofynnodd Gwen.

'Rhyw *nutjob psycho*,' meddai Dave.

'Na! Ti'n meddwl?' meddai Alun yn sarcastig. 'Dim fi laddodd o, dim chdi nath a dim Dave chwaith. A dwi ddim 'di sôn wrth llawer o neb arall ...' Edrychodd Alun ar Gwen ac ysgwydodd hithau ei phen. Edrychodd Alun ar Dave wedyn.

'Dwi'm yn un am gael *intellectual discourse* am lyfrau Cymraeg sydd heb hyd yn oed cael 'u ffycin publishio,' meddai Dave yn ateb i'r olwg gyhuddgar.

'Felly, fyswn i'n awgrymu mai problem Gomer ydi hon. Maen nhw 'di ca'l y testun gorffenedig ers dros chwech wythnos. Gafon nhw'r hanner cynta diwedd mis Mawrth. Bron i chwe mis yn ôl.'

'Elinor nath!' ebychodd Dave, yn pwyntio at Alun yn ffyrnig. '*Publicity stunt!*' Roedd o'n edrych yn fwy na hanner o ddifri yn ei awgrym.

''Sgin ti syniad faint mae nofel Gymraeg yn 'i gwerthu, Dave?' Ysgydwodd Dave ei ben yn gegagored a'i fys hir yn dal i bwyntio. 'Ti'n uffernol o lwcus i werthu mil o gopïa. Hwnna fysa un o *bestsellers* y flwyddyn. Mil o lyfrau. A, beth bynnag, ca'l cyflog mae Elinor, tydi hi ddim yn ca'l *cut* o'r gwerthiant. Felly paid â siarad trw dy het, iawn?'

'Ond os ydi hi'n mynd i ryddhau'r llyfr yn Saesneg …' meddai Dave, yn cadw'i fys yn estynedig ac yn defnyddio'r llaw arall i godi het ddychmygol oddi ar ei ben i siarad drwyddi unwaith eto.

'*Hold on, hold on*,' meddai Gwen wrth godi ei llaw tuag at Dave. 'Beth am i ni facio'n ôl chydig, ia? Cychwyn o'r cychwyn. Al? Pam nes di sgwennu'r llyfr 'ma yn y lle cynta?'

'Wel, rhyw fath o jôc ydi'r peth i fod. Awdur yn sgwennu llyfr dadleuol er mwyn cael sylw, ac wedyn yn cael ei sugno i fewn i hunllef bost-modernaidd pan mae realiti yn efelychu'i fyd dychmygol. Dyna pam 'nes i benderfynu ddefnyddio fersiwn ohona i'n hun fel cymeriad.'

'Ond wedyn, dyna sydd yn digwydd *rŵan*,' meddai Gwen.

'Mae'r holl beth yn wirion bost. Dwi'n teimlo fatha os bysa Dave yn rhoi slap i fi, fyswn i'n deffro mwya sydyn yn 'y ngwely, hefo ffwc o *hangover* neu rwbath a bysa popeth yn mynd yn ôl i normal.'

'Os byswn i'n rhoi uffar o swadan i chdi, ella, ac wedyn yn glygio chwart o wisgi i lawr dy gorn di … fel arall, ti *shit out of luck*, Al.'

'Ti mewn sioc, siŵr o fod. Dwi'n meddwl bo fi yn hefyd, cofia,' meddai Gwen. 'Felly, ti'n cael y syniad 'ma am y llyfr. Ti'n gor'od pitshio fo i rywun wedyn?'

'Ti'n gor'od sgwennu braslun i'r Cyngor Llyfrau i ga'l grant. Ond 'nes i'm sôn dim am yr inc cartref a'r papur *home-made* adeg hynny.'

'Felly ti'n cael y grant ac wedyn yn cychwyn sgwennu?' gofynnodd Gwen.

'Wedyn ti'n cytuno ar ddyddiad cychwyn, dyddiad cyflwyno hanner y testun a dyddiad darfod y llyfr. Ond roeddwn i wedi darfod y llyfr, yn fras beth bynnag, erbyn mis Ebrill. Y cyfan wedi dod allan yn gyflym, fel chwydiad. Syniad Gomer ydi gadael o leiaf cwpwl o fisoedd i olygu'r testun cyn bod y llyfr yn mynd i'r wasg.'

'Hwn 'di'r cwestiwn pwysig ...' dechreuodd Gwen, cyn cymryd llymaid hir o'i photel gwrw. '... Ti'n cyflwyno hanner y llyfr i'r wasg. Pryd? Diwedd mis Mawrth ddudest ti?' Nodiodd yr awdur. 'Oedd gwybodaeth am yr inc a'r papur *home-made* yn yr hanner cynta 'na?'

'Oedd,' atebodd Alun yn syth. 'Mae o'n digwydd reit ar ddechra'r llyfr pan mae rhywun yn efelychu stori'r awdur yn y nofel.'

'*Shit*,' meddai Gwen. 'Mae hynna'n agor y peth allan yn llydan agored. Fysa degau, cannoedd o bobl ella, wedi gallu gweld yr hanner cynta 'na ers mis Mawrth, fysa ddim?'

'Na, dwi'n meddwl fod y peth wedi bod yn ista ar gyfrifiadur Elinor yn casglu llwch nes 'mod i 'di darfod yr holl beth. Tydyn nhw ddim ond am weld bod chdi'n gwneud dy waith er mwyn rhyddhau ail daliad y grant. Dwi'm yn meddwl bod neb yn darllen y ffycin peth nes bod raid iddyn nhw.'

'*Charming*,' meddai Dave yn ddiysbryd, gan chwarae gyda ffôn symudol Alun.

'Ti'm yn meddwl fod neb yn gwbod am yr inc a'r papur nes iddyn nhw ddarllen y llyfr gorffenedig, be, chwech wythnos yn ôl?' gofynnodd Gwen.

Rhoddodd Alun ei ddwylo yn ei wallt blêr a chribo'i benglog â'i fysedd nes bod tas wallgof ar ei ben. 'Mae'r holl beth yn *nuts*. Mae Dave yn iawn, taswn i ddim wedi sgwennu'r ffycin llyfr cachlyd …'

'Hei, hei! Al, *man!*' Cododd Dave wrth siarad ac anelu am yr oergell, gan godi'r tair potel wag wrth fynd. 'Tynnu coes oeddwn i. *Life imitating art*, tydi o'n ddim byd newydd 'sti.' Rhoddodd y poteli gwag yn gwmni i hanner dwsin o rai eraill ar ben yr oergell cyn agor y drws a holi, heb droi. 'Gwin 'ta cwrw?'

Cododd Alun oddi ar y soffa. 'Reit, does 'na ddim byd arall amdani. Dwi'n mynd i neud cyrri. Chingri Malai neu Murgh Makhani.'

'P'run 'di p'run?' gofynnodd Dave wrth i Gwen godi'i hysgwyddau'n ddi-blaid.

'*Prawns* neu gyw iâr, Dave,' meddai Alun yn cychwyn am y gegin fach agored yn ymyl ei ffrind.

'O! Chingri Malai, yr un *prawns* neis 'na. Hwnna, ond paid â rhoi gormod o *garlic* yn'o fo. Dwi'n gweld Linda *later on*.'

Pennod 4

DARLLENODD Y FERCH y llinell olaf drosodd a throsodd ...

Disgynnodd y gyllell o law gwaedlyd Carwyn, ei fysedd yn plycio a'i anadl olaf yn rhuglo allan o'i ysgyfaint.

... cyn gafael yn sgrin y gliniadur a'i gau yn ara deg, clic, yn erbyn y bysellfwrdd. Roedd y llofrudd yn amlwg wedi'i ladd, wedi marw. Ond doedd hi ddim yn gallu bod yn sicr am y peth.

Yn *rhuglo* allan o'i ysgyfaint? Meddyliodd eto am y geiriau olaf. Doedd y ferch ddim yn darllen llawer o Gymraeg. Yn rhuglo? Agorodd y gliniadur yn ddiamynedd a mynd i dudalen Google Translate. Pwyso Welsh ac English yn y blychau priodol ac yna teipio'r gair estron ... rhuglo ...

Rattling.

Dyna oedd hi wedi'i amau. Doedd y ferch ddim wedi darllen llyfr Cymraeg ers degawd neu fwy. Dyddiau cynnar ysgol uwchradd. Roedd hi'n darllen o leiaf un llyfr yr wythnos, weithiau ddau neu dri. Hoffai ddarllen clasur ac yna sothach llwyr, am yn ail. Ac felly yn syth wedi gorffen *The Mill on the Floss* gan Eliot roedd hi wedi cael sbri yn mynd lawllaw â Patrick Bateman yn llofruddio'u ffordd drwy Manhattan yn *American Psycho*. Wedyn *Moby Dick*, wedyn *Bridget Jones's Diary*. *The Art of War* gan Sun Tzu ac yna Philip Marlowe, dwy nofel: *The Big Sleep* a *The High Window*. Un ar ôl y llall. Methu stopio, a deialog Chandler yn rhy dda. Marlowe yn rhy *super-cool*.

'Bach o sbwriel oedd y llyfr Cymraeg yma: *Sais*, gan rywun o'r enw Alun Cob. Ond mi oedd o, o leiaf, yn ceisio bod yn fodern. Yn yr unfed ganrif ar hugain, gyda'i regfeydd, ei drais gormodol a'i ryw ystrydebol. Roedd hi gyda Chandler yn hynny o beth. Gwell ydi cau'r drws ar y stafell wely.

Ond roedd hi'n hoffi syniad y llyfr, hyd yn oed os oedd o braidd yn orgymhleth.

Roedd yr Alun Cob yma wedi rhoi ei hun yn y nofel. Yn y stori, roedd o'n nofelydd oedd wedi ysgrifennu llyfr o'r enw *Sais* am lofrudd oedd yn lladd Saeson. Ond, wedyn pan mae'r llyfr yn cael ei gyhoeddi, mae 'na rywun yn dwyn y syniad ac yn dechrau efelychu stori'r nofelydd.

Yn dechrau lladd Saeson, go iawn.

Wel, ddim go iawn ond ym myd y cymeriad,

54

yr Alun Cob 'ma. Ac wedyn, mae'r heddlu'n cael y syniad mai'r nofelydd sydd wedi bod wrthi gan mai'r nofelydd ydi'r llofrudd yn y llyfr mae'r cymeriad Alun Cob yma wedi'i sgwennu. Ac i wneud pethau'n waeth, mae'r cymeriad Alun Cob wedi galw'r nofelydd yn ei lyfr yn y llyfr yn Alun Cob. Mae'r holl syniad fel plicio nionyn ac ar brydiau yr un mor boenus.

Ond pwy ydi'r llofrudd, go iawn? Wel, yn y llyfr, cyn-filwr o'r enw Carwyn Jones. Mae o'n cael ei ysbrydoli gan y stori yn llyfr y cymeriad Cob 'ma, ac yn penderfynu dial ar y wlad sydd wedi anwybyddu'i PTSD wedi iddo ddychwelyd o Helmand – y rhan fwyaf ohono, beth bynnag. Mae o wedi gadael ei droed chwith ar ôl yn Affgan – dyna mae'r dyn Carwyn 'ma yn galw Affganistan. Affgan. Mae o hefyd wedi colli ei iawn bwyll ym mhoethder sych y wlad gythryblus honno.

Teimlai'r ferch fod y llyfr yn gwneud ymgais eithaf da i roi cnawd ar esgyrn cymeriad amlwg. Ystrydeb y milwr sy'n dal dig, y milwr gwallgof. Roedd Carwyn wedi ymuno â'r fyddin yn ddeunaw oed ac wedi cael cartref da gyda Bataliwn Cyntaf y Cymry Brenhinol allan yng Nghyprus. Cyrchoedd yn Irac ac Affganistan, ac yna symud y Bataliwn i Barics y Dale yng Nghaer ar ddiwedd haf 2008 cyn cael eu hel yn eu hôl eto i Helmand, ychydig dros flwyddyn yn ddiweddarach fel rhan o Ymgyrch Herrick 11. Dyma gyfnod mwyaf ffyrnig y rhyfel i filwyr Prydeinig yn Affganistan. Collodd Carwyn ddau o'i ffrindiau gorau i fwledi'r Taliban cyn iddo yntau gymryd y cam gwag a gymerodd ei droed i ffwrdd. IED. Ffrwydryn a oedd wedi'i ddyfeisio i anafu ac nid i ladd milwyr oedd hwn. *Evac*, a 'nôl i Brydain o fewn diwrnod. Ysbyty Selly Oak yn Birmingham wedyn. Chwech mis o *rehab*. Dysgu sut i gerdded ar ddarn o blastig wedi'i raffu'n dynn i'w goes chwith. Ei droed newydd. Wedyn, wrth ddod oddi ar y cyffuriau oedd yn lleddfu'r boen aruthrol, dyma'r hunllefau'n dechrau. Yna'r anhunedd. Roedd y ferch wedi gorfod edrych am hwn ar Google hefyd. Yna'r colli tymer a'r gwylltio enbyd. Wedyn, gadael yr ysbyty a dychwelyd adref i'r fferm ddistaw ar lan y Fenai, yn Sir Fôn. Ei dad yn ŵr gweddw tawel. Ffermwr Cymraeg i'r carn, yn casáu bod ei unig fab wedi ymuno â'r fyddin.

Ar y pwynt yma roedd y ferch wedi meddwl bod drama seicolegol ddiddorol gan yr awdur, gyda chymeriadu craff a chynnil. Roedd yna ymdeimlad cryf o'r tensiwn rhwng y tad a'r mab. Yna, mae'r mab yn darllen y llyfr oddi mewn i'r llyfr: *Sais*. A dyma ddiwedd ar gymryd y llyfr o ddifri. Mae'r milwr yn dechrau cydymdeimlo gyda syniadaeth cymeriad yr awdur yn y llyfr o fewn y llyfr. Mae'r awdur yn gweld y Sais fel y gelyn sydd wedi gwasgu diwylliant ac iaith hynafol ei gymydog dros Glawdd Offa i'r ymylon eithaf. Yn wir, hyd at ymyl y dibyn, a does dim – ond ebargofiant – yn ei ddisgwyl tu hwnt i hwnnw.

Er bod cymhelliad yr awdur o lofrudd yn y llyfr yn wahanol i un Carwyn, y milwr sydd yn ei ddarllen, mae'n dwyn perswâd arno i efelychu'i weithredoedd. Mae'r milwr yn dechrau lladd Saeson gan adael cerdyn â'r gair 'Sais' ar y cyrff, yn union fel y llofrudd o gymeriad ffuglennol, Alun Cob.

Beth digwyddodd wedyn oedd fod yr awdur oedd wedi'i wneud ei hun i fod yn llofrudd yn ei ffuglen ei hun yn cael ei gyhuddo gan yr heddlu a'r wasg – oedd wedi ogleuo'r stori'n gynnar – o fod y llofrudd go iawn. Neu o leiaf ei gyhuddo o ysbrydoli rhywun. Rhoi tanwydd ar fflamau casineb eraill. Roedd yr Alun Cob yma, y cymeriad mewn llyfr, gan awdur o'r enw Alun Cob, mewn uffar o dwll.

Roedd y ferch wedi eithaf mwynhau'r antur ddigon cyffredin a ddilynai'r gosodiad cychwynnol hwn, er ei fod yn amlwg a generig dros ben. A chwarae teg, roedd hi wedi brysio drwy'r tudalennau olaf er mwyn cael gweld beth fyddai'n digwydd i Carwyn Jones, a hithau'n teimlo mai'r llofrudd oedd yr unig gymeriad roedd hi'n cydymdeimlo ag ef drwy'r holl lyfr.

Ond, wrth gwrs, cael ei ladd mae'r dyn drwg, yn y diwedd. Ho-hym!

Ac er iddo roi ei gymeriad, Alun Cob, drwy sefyllfaoedd poenus ac arteithiol, mae'r awdur Alun Cob yn caniatáu diweddglo hapus iddo. Ho-blydi-hym!

Cododd y ferch oddi ar ei gwely sengl gan agor cwlwm llac ei gŵn nos sidan a gadael iddo lithro oddi ar ei hysgwyddau ar y carped. Edrychodd allan drwy ffenest uchel ei hystafell fechan ar draws maes parcio'r gwesty – dwsin o geir wedi cwtsio at ei gilydd mewn diogelwch ar y tarmac llydan. Dydd Iau distaw arall yng Nghaergybi. Trodd a phwyso cefn noeth ei hysgwyddau ar wydr oer y ffenest a syllu i lawr ar ei dwylo agored, ei bysedd estynedig yn llonydd fel canghennau coeden dderw ar ddiwrnod tawel o aeaf.

Ydw i'n gallu?

Ydw i'n mynd i?

Ydw i?

Curiad ei chalon yn amlwg yn ei bron wrth iddi gyffroi. Ei bysedd yn llonydd, llonydd.

Ydw i?

Pennod 5

'TRO FO I FFWRDD,' mynnodd Alun wrth i Dave chwerthin ar y soffa a gwasgu clustog mawr gwyrdd i'w ganol. 'O ddifri rŵan, dio'm yn ffycin *funny* ddim mwy.'

Anelodd Dave y remôt tua'r teledu. '*Un* waith eto,' meddai wrth i'r lluniau wibio tuag yn ôl.

'Dave, gad lonydd,' meddai Gwenllian gan bwnio braich y dyn ddwywaith ei maint wrth ei hochr.

Dechreuodd dynes y newyddion siarad ar y sgrin: 'A reliable source has revealed to the BBC that the Police suspect the killing may be inspired by an as yet unpublished book by the little-known Welsh-language novelist Alun Cob. The Caernarfon based writer, real name Alun Winston Jones, is believed to be helping the police with their inquiries.'

'Hwnna, sy'n ca'l fi,' meddai Dave trwy'i ddagrau, 'Alun *Winston* Jones.'

'Rho fo *off* rŵan 'ta, Dave,' meddai Gwen.

'Ffycin Elinor,' meddai Alun. 'A reliable source, myn uffar i! Elinor ffycin Reynolds, twll dy din di.'

'Twll tin pob Sais, ti'n feddwl,' meddai Dave.

'Dave!' ebychodd Gwen wrth godi oddi ar y soffa a dechrau clirio'r llestri swper oddi ar y bwrdd isel o'i blaen.

'Tro fo i S4C – mae'r *news* 'mlaen cyn bo hir,' mwmialodd Alun, yn cnoi'r croen wrth ochr gewin ei fawd o'r gegin agored. Ymddangosodd milfeddyg ar y teledu, ei fraich o'r golwg hyd ei ysgwydd ym mhen-ôl rhyw fuwch. 'Dim gair,' ebychodd Alun, yn pwyntio tuag at Dave. 'Rho fo ar *mute*, nei di?' Cydiodd yng ngwddf y botel win o'i flaen a thynnu'i sgriw-gap i'w hagor. Llenwodd wydr mawr hyd at ei hanner â'r gwin coch o Chile, efaill y botel wag wrth ei hochr. 'Rhywun arall?'

'Na, dwi'n gor'od mynd yn munud, Linda'n galw,' meddai Dave cyn ystumio'n anweddus gyda'i dafod hir yn hongian allan o'i geg.

'Dave! *Spare me*, mochyn budur,' meddai Gwen o'r gegin, yn gosod y llestri ar y top wrth ochr Alun. 'Jyst un bach, dwi'n *rhy* blydi brysur fory.'

'Ti'n mynd ac yn gadal fi hefyd?' gofynnodd Alun wrth dywallt gwydriad digon tebyg i'w wydriad ei hun iddi, gan anwybyddu cais ei ffrind.

Cododd Gwen y gwydraid at ei llygaid ac edrych drwy'r gormodedd o'r hylif coch. 'Siriys?'

'Iechyd da!' meddai Alun gan godi'i wydraid i'w chyfeiriad hi.

'Dyma fo,' meddai Dave, yn codi o'i orweddian blêr i eistedd ar y soffa ac yn pwyntio'r teclyn hir du at y teledu. '*Mute off*!'

Llais undonog darllenydd newyddion yn llenwi'r ystafell. 'Dyn o Dalysarn yng Ngwynedd yn cael ei ladd mewn chwarel gyfagos ...' BWM-BWM. 'Heddlu yn holi'r awdur Alun Cob ...' BWM-BWM. 'Gofid bod agwedd derfysgol neu gasineb hiliol yn perthyn i'r drosedd.' LA-LA-LA-LA-LAAAAA.

'O! Grêt. Tydi hynna ddim yn gneud i fi swnio'n euog mewn unrhyw ffordd, yn nac 'di?' meddai Alun yn goeglyd cyn rhoi clec i'w win.

'Hei, Al. Cwlia hi! Fyddi di angen cadw pen clir, hefyd, 'sti.' Gwgodd Gwen arno.

'Iawn, Mam,' atebodd gan wenu'n sarcastig â'r botel win yn prysur ail-lenwi'i wydr.

'Gawn ni wrando ar hwn, plis?' meddai Dave wrth godi'r sain.

'... oes hawl mynd yn nes at y man lle lladdwyd y dyn lleol, sydd heb gael ei enwi gan yr heddlu ...' Safai'r gohebydd yng nghanol chwarel o lechi piws a glas gyda llinyn o blastig melyn yr heddlu yn chwifio'n ysgafn y tu ôl iddo. 'Er bod cysylltiad wedi'i wneud gyda'r awdur Cymraeg cymharol anadnabyddus, Alun Cob o Gaernarfon, nid yw'r heddlu'n barod i drafod nac ychwaith i ddatgelu'r cysylltiad hwnnw. 'Dan ni'n dallt bod Alun Cob, erbyn hyn, yn helpu'r heddlu gyda'u ymholiadau. 'Nôl atoch chi yn y stiwdio, Garry.'

Lladdodd Dave y sain. 'Anadnabyddus! Be ma hynna'n feddwl? Bod neb yn gwbod pwy ffwc wyt ti, ia?'

'Mam bach. Dwi'm yn coelio hyn. Mae'r peth yn wirion bost! Honco bost! Nyts! Boncyrs!' meddai Alun, yn llymeitian gwin rhwng pob ebychiad.

'Al,' meddai Gwen, yn rhoi llaw ar ei ysgwydd. 'Dos i ista lawr. Tydi hwn ddim yn amser da i chdi golli dy ben, 'sti.' Cymerodd Gwen y gwydr gwin o law Alun ac aeth yr awdur i eistedd wrth ochr Dave ar y soffa a rhoi ei wyneb yn ei ddwylo.

Rhoddodd Dave un o'i bawennau blewog ar gorun pen ei ffrind a rhwbio'i wallt blêr yn fwy anniben fyth. 'Paid â poeni, ti'm 'di neud ddim byd o'i le. Er mae 'na rwbath yn reit *catchy* am y "Caernarfon One". Ti'm yn meddwl?' Cododd Dave o'i eistedd a gweld gwên lipa ar wyneb Alun, rhyw olwg drist ar ei wyneb hir. 'Dwi'n mynd, 'na i ffonio chdi *later on*. Ocê?'

''S'im rhaid i chdi tshecio i fyny arna i, Dave. Welai chdi yn y siop amser cinio, fory, 'li.'

Stopiodd Dave chwarae gyda'i oriadau a syllu i lawr fel delw ar Alun cyn dweud, 'Dwi'm yn meddwl fod hynna'n syniad da, Al. Dim yn tôl.'

'Pam?'

Ac ar hyn, fel pe bai ffawd am ymyrryd yn y drafodaeth, dyma dwrw miniog, digamsyniol larwm y siop yn crwydro i fyny'n ddolefus undonog o'r llawr isaf. Edrychodd y tri ar ei gilydd bob yn un a chododd Alun gan ddweud, 'Be rŵan, 'to?' Edrychodd allan drwy'r ffenest ar y stryd wag islaw ac adlewyrchiad golau glas y larwm yn ffenestri'r siopau gyferbyn. Cydiodd yn ei siaced ysgafn a'i hysgwyd; sŵn goriadau yn ei boced yn rhywle. 'Dwi'n mynd i lawr.'

Erbyn iddo hedfan mynd i lawr grisiau'r ddau lawr roedd Dave a Gwenllian yn dal heb agor drws tân y llawr cyntaf. Agorodd Alun ddrws ochr y fflatiau a thwrw'r larwm gymaint â hynny'n uwch yn sydyn. Safai Helen Jenkins ar stepen drws ffrynt y fflatiau gyferbyn yn ei choban a'i slipars. Roedd Steve, ei mab, yn gorwedd ar sil ffenest eu fflat ar y llawr cynta uwch ei phen.

'Llun chdi oedd ar y *news* gynna?' gofynnodd Helen, ei gwefusau prin yn symud a ffag yn ei cheg.

Anwybyddodd yr awdur ei gymydog a brysio i fyny'r stryd ochr gul. 'Welis i o, Alun,' gwaeddodd Steve wrth edrych arno'n rhuthro am y gornel a blaen ei siop. '*Baseball cap* a *bomber jacket* du. Miglodd o i fyny Palace Street wedyn.'

Cododd Alun ei fawd arno cyn diflannu rownd y gornel. Gwelodd flaen brwsh llawr yn sticio allan o gawell arbed blaen ffenest ei siop, tua uchder ei lygaid, ei goes bren bron â diflannu trwy un o'r sgwariau bach coch yn rhwyll y gawell. Roedd gwydr y ffenest yn ddarnau ar lawr y stryd ac ar y llawr tu mewn i'r siop dywyll. Camodd Alun allan oddi ar y pafin i ganol y lôn dawel. Syllodd ar flaen siop recordiau'r Cob Bach, yn ymwybodol fod pobl yn ymddangos yn eu drysau a'u ffenestri o'i gwmpas. Ymhen ychydig daeth Dave i sefyll wrth ei ochr.

'Paid â poeni am hwnna. Er, dwi'n meddwl bod Martin Luther King ei hun yn fwy o un o rheina na chdi, mêt. Ffwcio fo!' Rhoddodd Dave ei law ar ysgwydd ei ffrind, ac edrychodd y ddau ar y ddau air oedd wedi'u chwistrellu mewn paent gwyn ar ddrws y siop. ''Di'r cont methu spelio, chwaith.'

RACSIST SCUM

Pennod 6

CYMERODD HI FISOEDD i ddewis y dyn cywir. Yr union un. Roedd hyn naw mis cyn iddi ychwanegu llyfr Alun Cob i'w chynllun. Cael ei dwylo ar reiffl hela oedd y nod, a hynny heb ddenu sylw'r heddlu. Penderfynodd symud i'r Alban i'r perwyl hwn; ei rhesymeg oedd y byddai mwy o hela yno, ac felly, wrth reswm, fwy o reifflau hela a helwyr i ddewis ohonynt.

Cafodd swydd glanhau yn un o'r gwestai mwyaf yn St Andrews. Dyma'r math mwyaf hawdd o waith i'w gael roedd hi wedi'i ddarganfod – mewn unrhyw ddinas. Does fawr o neb yn rhy awyddus i lanhau budreddi pobl ddieithr am y nesaf peth i ddim. Neb Prydeinig, beth bynnag. Merched o dramor oedd pob un o'r merched yn y Rusacks Hotel heblaw amdani hi. A merched bob tro, sylwodd, byth dynion. Roedd hi wedi gweithio mewn hanner dwsin o westai o gwmpas Prydain, ac ambell un ar y Cyfandir yn y pum mlynedd diwethaf, ac roedd hi eto i weld dyn yn rhan o unrhyw griw glanhau.

Weithiau, pan oedd hi am greu hunaniaeth newydd iddi'i hun, byddai'n mynd i weithio yn Iwerddon am ychydig fisoedd ac yna'n dychwelyd i Brydain gyda llythyr o eirda a stori hirwyntog am ddiffyg papurau swyddogol a rhif Yswiriant Gwladol. Oherwydd natur ddi-nod y gwaith, yn amlach na pheidio roedd y gwestai'n fodlon derbyn unrhyw wirionedd roedd hi'n ei adrodd wrthynt. Er mai celwydd noeth ydoedd bob tro. Celwydd noeth, diflas a hawdd ei anghofio o ran y gwrandawr. Ambell dro, os oedd hi am greu hunaniaeth newydd fwy cynhwysfawr a swyddogol iddi'i hun, byddai'n ffonio Blackie. Dros y pum mlynedd diwethaf roedd y ferch wedi newid ei henw hanner dwsin o weithiau.

Ond erbyn iddi alw'i hun yn Mirain am un noson yn unig gyda Richard, lai na blwyddyn yn ddiweddarach, roedd y ffigwr hwn wedi codi i naw enw gwahanol.

O'r hanner dwsin o glybiau roedd y ferch wedi treulio'i hamser yn eu hastudio, roedd hi wedi dewis dau oedd yn fwy addawol na'r lleill. Treuliodd ddwy awr bob gyda'r nos am wythnos yn eistedd yn ei char ym maes parcio'r Deerland Rifle Club ar gyrion y ddinas. Yna, treuliodd wythnos arall yn dilyn un neu'r llall o'r tri dyn cymharol ifanc roedd hi'n tybio'n dargedau posib. Erbyn y drydedd wythnos, roedd hi'n barod i edrych am gyfle i ddechrau sgwrs gyda'r ymgeisydd a oedd, yn ddiarwybod iddo, wedi ennill y gystadleuaeth.

Aeth wythnos arall heibio cyn iddi sylweddoli bod y dyn yma'n hoyw. Roedd rhaid iddi gychwyn o'r cychwyn.

Y tro hwn parciodd ei char Smart bychan ym maes parcio'r St Andrews Rifle Club ar gyrion clwb golff enwog y ddinas. O fewn deuddydd roedd hi wedi targedu Declan. Declan Sullivan, dyn sengl tua phump ar hugain, digon cyffredin yr olwg, a oedd yn glerc cyfreithiol yn y ddinas. Roedd o'n mynychu'r clwb ddwywaith yr wythnos, ar nos Lun ac yn gynnar ar nos Sadwrn. Sylwodd y ferch ei fod yn gyfeillgar â'r aelodau eraill ond nid oedd yn cymdeithasu gyda nhw'r tu allan i'r clwb saethu. Roedd yn byw ar ei ben ei hun mewn tŷ teras ar un o strydoedd mwyaf llewyrchus St Andrews. Mynychai glwb cadw'n heini ar brynhawn Sul ac ar nosweithiau Mawrth a Gwener, yr olaf cyn mynd allan i dafarn yn agos i'w gartref am ambell beint yng nghwmni ffrindiau tafarn. Nid oedd ganddo gariad cyn belled ag y gwyddai'r ferch.

Y peth pwysicaf felly oedd hudo Declan ar y nos Sadwrn, fel bod y dydd Sul ganddi gydag ef wedyn. Yr ail beth oedd gwneud yn siŵr nad oeddynt yn cael eu gweld gyda'i gilydd yn gyhoeddus, yn enwedig gan rywun roedd Declan yn ei adnabod. Yn drydydd, roedd hi'n hollbwysig osgoi'r camerâu CCTV oedd ym mhobman y dyddiau hyn. Cymerodd hi wythnos i greu cynllun a hyd yn oed wedyn roedd hi'n ymddiried mewn ffawd i ryw raddau mewn mannau.

Safai wrth ei char bach heb fod ymhell o adwy lydan y clwb saethu a bonet y Smart wedi'i agor. Edrychodd ar ei watsh – chwarter i chwech. Dyma'r union amser y gwnaeth Declan adael y clwb yr wythnos ddiwethaf ac roedd hi'n dibynnu arno i fod mor brydlon ag arfer. Roedd hi'n lôn gymharol dawel yn bwydo i mewn i'r ffordd fawr brysur ryw gan metr i lawr y bryn. Pasiodd ambell gar yn y pum munud cyn i Declan ymddangos, a hithau yn cuddio'i hwyneb dan y bonet. Cododd ei llaw arno'n ymbilgar wrth iddo basio a daeth ei BMW i stop, a ffenest y gyrrwr yn chwibanu ar agor.

'Can I help you, Miss?'

'Can you? My battery's a bit flat. You couldn't give me a jump, could you? I've got the leads and everything.' Plygodd hi ei phen i mewn drwy'r ffenest gan sicrhau ei fod yn cael sbec go dda i lawr ei chrys-T isel.

'Aye, nae bother.' Gafaelodd yng nghefn sêt y teithiwr wrth edrych dros ei ysgwydd a bacio'n ôl i barcio o flaen y car bach. Daeth allan o'r car yn eiddgar o gyflym. 'Haven't I seen your car in the club there a few times?' gofynnodd, gan luchio'r ferch oddi ar ei hechel ryw ychydig.

'I'm thinking of maybe buying a rifle and have been looking at a few clubs,' meddai'n ddidaro.

'This is a friendly club, you'd like it here,' meddai â'i gefn ati yn codi bonet y BMW.

Ddeg munud yn ddiweddarach, mewn tŷ tafarn cyfagos, cerddodd y ferch tuag at y dyn gyda pheint o lagyr a gwydraid o win gwyn yn ei dwylo. 'Ta, Lucy,' meddai Declan, yn cymryd ei beint oddi wrthi. 'This is a nice wee drinking establishment.'

'Nice and quiet,' meddai'r ferch wrth feddwl, a dim camerâu wrth y drws nac yn y maes parcio, chwaith.

'Come here often, do you?'

'A few times,' meddai'r ferch yn gelwyddog cyn gwenu'n slei arno ac eistedd. 'Are you chatting me up Declan?'

Gwridodd y dyn. 'That did sound a bit cheesy, didn't it? Not what I meant.'

'Oh! That's a shame,' meddai'r ferch, ddim am wastraffu'r cyfle ac yn rhwbio'i hesgid stileto'n fwriadol araf yn erbyn ei goes.

*

'Can I be honest with you, Lucy?' meddai Declan yn gorwedd ar ei gefn yn ei wely, ei ddwylo tu ôl i'w ben ar y gobennydd. Nodiodd y ferch yn ysgafn, ei phen ar ei fron a'i llaw yn gafael yn ei dwlsyn cynnes, a oedd dal heb golli'i awch. 'This sort of thing does nae happen to folk like me. Ever.'

Edrychodd hi i fyny arno, ei fochau yn gleisiau coch a phiws wedi ymdrech y gyfathrach. Gafaelodd yn ei ên â'i llaw arall. '*You* saved *me*, remember? I'm detecting some low self-esteem issues here, Declan.'

Chwarddodd y dyn yn fyr. 'That's what my mother used to say.'

'Used to?'

'Passed last year. The big C.'

Rhwbiodd y ferch ei foch yn dyner. 'I'm sorry.'

Gwenodd yn dyner arni a dweud, 'Poor little orphan Declan, that's me.'

Plannodd hi gusan ar ei fron cyn codi mwyaf sydyn uwch ei ben yn y gwely. 'Let's not sleep, tonight! Let's go out to the country.'

'What?'

'Let go out to the mountains to see the sunrise. I'm not tired.'

'You serious?'

'It'll make when we met even more memorable. You can teach me how to shoot a rifle, see if I like it.'

'Bring a rifle?'

'Or two, why not?'

'You wannae shoot somethin'?'

'A bottle, or a target, or something. Not a fucking

deer, Declan,' meddai'r ferch gan chwerthin a tharo'r dyn ar ei ben gyda gobennydd. Gafaelodd yn ei braich chwith estynedig a'i chwifio o gwmpas y stafell fel reiffl. 'Piwch, piwch!'

'It's a serious business, Lucy. They're dangerous things, not toys.'

'Teach me, Declan. I promise I'll behave. Please? Pretty, pretty please?'

Ochneidiodd y dyn wrth estyn am ei watsh. 'What time is it?'

Clapiodd y ferch ei dwylo mewn dedwyddwch pur. Roedd Delcan Sullivan newydd wneud penderfyniad gwaethaf ei fywyd.

*

Nid oedd y ferch yn gallu bod yn sicr ai'r lôn gerrig arw ynteu ei nerfau oedd yn gwneud i'w dwylo grynu. Symudodd y drych ôl i gael edrych arni'i hun ynddo: cylchoedd coch amrwd o gwmpas tyllau duon, gloyw ei llygaid. Doedd hi ddim wedi disgwyl i'r foment effeithio cymaint arni. Roedd hi wedi dechrau crynu drwyddi yn syth ar ôl saethu'r dyn, fel pe bai trydan yn llifo drwy'r reiffl. Wedyn, roedd hi wedi disgyn ar ei phen-ôl yn y goedwig a theimlo'i stumog yn gwasgu gan beri iddi godi cyfog. Dagrau poeth wedyn yn llosgi'n asidaidd ar draws ei bochau cochion. Dagrau distaw. Er ei bod wedi cynllunio'r weithred yn fanwl, ac er i'r holl beth fynd fel watsh, roedd ei chorff yn gwrthod credu ei bod hi wedi gwneud y fath beth.

Yn gwrthod derbyn cyfrifoldeb.

'Wel, chdi nath!' meddai hi wrth y drych ôl. 'Neb arall.'

Pennod 7

'TI'N TRENDIO AR TWITTER.'

'Be?' gofynnodd Alun yn hanner cysgu ac araf fel dafad, ei dalcen yn pwyso yn erbyn derw drws y fflat.

Gwthiodd Dave heibio'i ffrind i mewn i'r fflat; pwysodd Alun i ffwrdd oddi wrtho gan geisio osgoi budreddi ei ofyrols. 'Twitter Al, "hashtag english killer" a "hashtag Alun Cob murder" a "hashtag sais murder book". A dim jest pobl Cymraeg … trwy'r UK.' Chwifiodd ei iPhone dan drwyn Alun wrth egluro. 'Ella fod y fodan 'na o Gomer *on to something*. Be ddudodd rhywun unwaith hefyd am dim ffasiwn beth â *bad publicity*?'

'Ia, dyna be ddudodd o,' atebodd Alun wrth gau'r drws.

'Ti'm yn gallu prynu'r math yma o byblisiti. Lle ma dy *laptop* di?'

'Gan y cops, ti'n cofio?' meddai'r awdur, yn dadsgriwio'r pot coffi Bialetti yn y gegin.

'Rhaid i chdi edrych arno fo ar y ffôn felly, bydd. Lle ma dy ffôn di?'

'Dwi 'di troi fo i ffwrdd. Oedd o'n buzzio bob dau funud,' meddai wrth syllu'n ddifeddwl ar lun y dyn bach cartŵn ar ochr alwminiwm y potyn. Arferai'i fwstásh llydan dan ei drwyn mawr, tew godi gwên syml peth cyntaf, ond nid bore 'ma. Roedd braich y dyn bach cartŵn wedi'i chodi'n syth uwch ei ben a'i fys bawd i fyny fel pe bai'n galw am dacsi. Heddiw, edrychai i Alun fel pe bai'n codi'i fys canol arno. '*Fuck you too*,' sibrydodd.

'Be?'

'Dim byd. Tisho coffi?'

'Na, dwi'n mynd i gwaith 'li. Jest meddwl fyswn i'n dangos rhain i chdi ...' Rhoddodd yr iPhone ar y cownter a'i droi i wynebu Alun.

Mad welsh writers gone and killed a man coz hes english wtf #aluncobmurder

Killer author shoots what he's written, ultimate publicity stunt #aluncobmurder

#aluncobmurder Mad bastard shoots a man just because hes english

'A fama,' meddai Dave wrth bwnio'r sgrin.

Who killed that poor Englishman in wales? #englishkiller Should we shoot a couple of sheepshaggers in retaliation.

#englishkiller Racist killings in Wales now! Whatever next?

Gwthiodd Alun y ffôn tuag at Dave. 'Faint o'r
rheina sydd 'na?'

'Cannoedd. Miloedd, ella. Chdi 'di'r dysan boetha
ar yr holl *interwebs*, *my friend*. *Smokin*'!'

'Dim amdana fi ma hwnna, Dave. Dwi'm 'di
lladd hyd yn oed pry bach; wel, ddim yn ddiweddar
beth bynnag. Ti'n lladd mwy wrth osod olwynion
yn *wonky* ar geir yn y garej 'na, fyswn i'n gesio.'

Pwyntiodd Dave tuag at ei ffrind a chodi'i ffôn
oddi ar y cownter. 'Hei, *watch it*. Fedra i fynd â chdi
i'r llys am beth felly. Be ti'n galw fo … *plagiarism*.'

'*Slander*, Dave. Neu enllib. Er, ti'm y cynta i
gyhuddo fi o'r llall 'na chwaith,' meddai'r awdur, a
gwagio'r gwaddodion du o ganol y pot coffi i'r bin.

'Be 'di *libel* 'ta?'

'Rwbath ti'n sgwennu lawr, ond enllib 'di hwnna
yn Gymraeg hefyd dwi'n meddwl.'

'Enllib 'di enllib.' Edrychodd Dave ar y cloc ar y
wal dros ysgwydd Alun. 'Dwi'n mynd. Dwi'n hwyr.
Ti'm yn agor y ffycin siop 'na heddiw, nad w't?'

'Na, dwi'm yn mynd i agor w'sos yma. 'Sa'm
pwynt, fydda i jest yn ista 'na fel rhyw *exhibit* mewn
Victorian freak show, pawb yn dod i fewn i ga'l *good
look*.'

'Pam ti'n lladd Saeson?' gofynnodd Dave, ei law ar nobyn drws y fflat. 'Ti'n gneud joban go lew ar ladd yr iaith ar ben dy hun bach.' Diflannodd Dave, a'r drws yn glep ar ei ôl.

Mae gynno fo bwynt, meddyliodd Alun, gan dywallt dŵr i hanner gwaelod y potyn cyn gosod y fasged goffi ynddo a sgriwio'r top yn ôl i uno dau hanner y teclyn eto. Rhoddodd y pot ar fflam fechan ar y pentan nwy. Erbyn i'r ystafell ddechrau ogleuo o'r coffi roedd cnoc ar y drws. 'Mae o'n 'gorad,' gwaeddodd Alun gan roi sylw i sosban o uwd wrth ymyl y coffi ac yn llwyr ddisgwyl gweld Gwen yn ymddangos.

Safai dyn diarth wrth y drws mewn crys llewys byr a thei tenau.

'Mr Cob, ia?'

'Pwy uffar wyt ti?' gofynnodd Alun, yn gwybod yn iawn mai newyddiadurwr oddi ar y teledu oedd y cyfaill tal a thenau a oedd ar ganol sleifio'i ffordd i mewn i'r stafell.

'Trefor Owen, BBC Bangor, Mr Cob.'

'Sut ddiawl ti 'di manejio ffeindio dy ffor' i fyny fama, Trefor Owen BBC Bangor?'

'Roedd rhywun yn dod allan, ac yn ddigon hael i ddal y drws i mi.'

Diolch, Dave, meddyliodd Alun a dweud, 'Wel, gei di ffwcio hi 'nôl 'run ffor' â ddest ti, 'li. Reit handi, hefyd.' Roedd ei benmaen-mawr yn gwaethygu gyda phob anadl.

'Dim ond cwpwl o gwestiynau, Mr Cob. Efallai ar gamera? Ma gynnon ni ddyn i lawr grisia.'

Ymddangosodd Gwen yn y drws agored. 'W, helo. Gin ti gwmni?'

'Roedd o jest yn gadael,' meddai Alun.

'Trefor, *off* y *news*,' cyhoeddodd Gwen, yn pwyntio at y dyn.

'Mae o a fi yn ymwybodol o pwy ydi o, a dyna pam mae o'n gadael.'

'Ga i adael cerdyn hefo chi, rhag ofn bod chi'n newid eich meddwl? Am wneud datganiad, efallai?'

'Jest cer, cyn i fi golli'n 'mynadd, olréit?'

Cododd Trefor Owen ei ddwylo. 'Dwi'n mynd.' Chwifiodd gerdyn yn ei law chwith tuag at Gwen a wincio arni.

'Diolch yn fawr,' meddai, gan gymryd y cerdyn a chodi'i hysgwyddau'n hwyliog. Gwthiodd y newyddiadurwr heibio iddi, a wnaeth Gwen ddim ymdrech i symud o'i ffordd. 'Hwyl.' Pwniodd hithau'r drws ar gau ar ei ôl gan ddweud yn ddigon uchel iddo fethu peidio â'i chlywed trwy'r drws. '*Wanker.*' Rhwygodd y cerdyn yn ddarnau cyn gadael i'r darnau ddisgyn fel hyrddiad o eira ar y carped tenau.

'Roeddwn i'n poeni amdanach chdi am eiliad yn fanna,' meddai Alun, yn tywallt llond dwy gwpaned fach o goffi du.

'Mae'r pobl *media* 'ma'n meddwl bod nhw'n *God's gift*. Codi pwys arna i.'

Pennod 8

ARHOSODD Y FERCH YN EI SWYDD yn y Rusacks am ychydig wythnosau yn dilyn hanes ymdrechion yr awdurdodau yn y cyfryngau lleol i ddod o hyd i'r cyfreithiwr ifanc oedd wedi diflannu oddi ar wyneb y ddaear.

Yn gwbl groes i'w gymeriad.

Byth yn colli diwrnod o waith. Roedd Declan yn hogyn da.

Ei gar wedi'i ddarganfod ugain milltir o'i gartref, wedi barcio a'i gloi yn ymyl coedwig anferth.

Ia, meddyliodd y ferch wrth wrando ar y ddynes newyddion yn adrodd ei hanes, ugain milltir o'i gartref ac ugain arall wedyn o'i gorff marw yn ei fedd bas ar ochr mynydd tawel. Mae'n ddrwg gynna i, Declan Sullivan. Dwi'n bitsh, dwi'n gwbod.

Roedd pawb fel petaen nhw wedi colli diddordeb yn Declan ar ôl pythefnos ac roedd y ferch yn dechrau llunio'i chynlluniau i symud ymlaen pan gafodd sioc o weld tudalen flaen *The Courier* ar ben bwndel o bapurau newydd yng nghyntedd y Rusacks:

Sullivan disappearance –
white Smart car sought

Shit!

Cerddodd heibio'r bwndel, oedd wedi'i glymu'n dynn â stribedau o blastig du, a gwenu ar Alec y porthor wrth anelu am ddrws ffrynt y gwesty.

'I'm poping out, Al. Ten minutes if anybody asks.'

'Stella's already in, she'll nae be happy, Luce,' meddai Alec wrth ei chefn.

Trodd y ferch ar ei sawdl a dechrau cerdded am yn ôl tua'r drws ffrynt agored. 'Five minutes, tops!'

'She asks, I'll tell her you're in the ladies.' Winciodd y porthor arni a winciodd y ferch yn ôl a chwythu cusan ato.

Cerddodd heibio'i char Smart llwyd tywyll gyda'r trimiau gwyn o amgylch ei ddrws. Dim car gwyn ydi hwn, meddai wrthi'i hun wrth frysio i lawr y stryd, yn anelu am y siop bapur agosaf. Edrychodd ar ei watsh. Chwarter wedi saith.

Roedd drws y siop yn llydan agored a gwibiodd y ferch drwyddo.

'Woah, woah!' meddai'r perchennog tew, a'r ferch bron â bod yn bownsio oddi ar ei fol mawr. 'Hold on there, missy,'

'Sorry,' meddai wrth godi'i dwylo i ymddiheuro.

'What's the rush?'

'Late for work,' atebodd, gan wenu arno'n ffrwcslyd. 'Picking up the papers.'

'For the Rusacks? They went already.'

'Couple of extras, a *Times* and a *Courier*,' meddai yn plygu i lawr ac yn estyn y ddau bapur wrth ddal i siarad.

'I'll put 'em down fer ye,' meddai'r dyn mawr a chodi'i feiro i'r amlwg.

'Thanks,' meddai, hanner ffordd drwy'r drws.

'And slo' down, they'll nae shoot ye fer bein' a wee bit tardy,' gwaeddodd ar ei hôl.

Rhoddodd y ferch y *Times* yn y bin agosaf wrth iddi ruthro i fyny'r allt tuag at y gwesty. Aeth i mewn i'w char a dechrau darllen:

Sullivan disappearance – white Smart car sought

A small white car, possibly a Smart car, was seen in the vicinity of the St Andrews Rifle Club on the day of the disappearance of local solicitor, Declan Sullivan. The rifle club was the last known location of Mr Sullivan, 27, who went missing on 28 August. The car was parked outside the club with the bonnet up but witnesses have failed to identify the owner of the vehicle ...

A reward of £5,000 has been offered by the family to anyone with any information leading to the whereabouts of Mr Sullivan.

Ddim yn rhy ddrwg, meddyliodd y ferch. Car gwyn; llwyd oedd ei char hi. 'Possibly a Smart car' roedd yr erthygl wedi'i ddweud. 'Failed to identify the owner,' roedd hi wedi'i ddweud hefyd.

Gwthiodd y papur o'r golwg dan sêt y teithiwr cyn gwibio'n ôl i mewn i'r gwesty.

'Luce?' meddai Alec y porthor wrth ymyl y ddesg.

Where is she? gofynnodd iddo heb ynganu'r geiriau …

Pwyntiodd y Sgotyn at ddrws y swyddfa ar y llaw chwith iddo a chododd y ferch ei bawd arno heb stopio, a brasgamu am y grisiau.

Fuodd hi ddim pum munud yn lluchio'i holl fywyd i mewn i ddau fag lledr mawr: y naill yn llawn dillad a'r llall yn drwm gan bwysau'i holl eiddo arall. Gadawodd y rhes o lyfrau yr oedd hi eisoes wedi'u darllen ar y silff yn bresant i'r ferch nesaf. Prin fydd hi'n gallu siarad Saesneg, siŵr o fod, heb sôn am ei ddarllen, meddyliodd wrth drafod ei hun a'i bagiau drwy ddrws agored ei stafell.

Roedd y ferch yn Llundain cyn i'r haul ffarwelio â'r brifddinas.

Pennod 9

NID YN ANNHEBYG I EISTEDD mewn sawna: dyna oedd argraff cyntaf Alun o fod o dan oleuadau'r BBC. Roedd rhyw ferch fach gron, gyfeillgar, newydd fopio'r haen o chwys oddi ar ei dalcen cyn ei frwsio gyda cholur a sythu mymryn ar rimyn ei wallt blêr. Eisteddai wrth wal ffenestri'r Penthouse Suite yn y Corinthia Hotel yn Llundain yn disgwyl am Paxman. Edrychodd allan drwy'r ffenest agored ar afon Tafwys a'r London Eye gyferbyn ag ymyl y lan bellaf.

Cerddodd Jeremy Paxman i mewn i'r ystafell yn chwarae gyda'r meicroffon bychan ar ei dei melyn.

Plygodd y cyflwynydd i mewn i'r babell o oleuadau. 'Hello. Mister Cob, I take it,' cyhoeddodd gan wenu a chynnig ei law i Alun.

Dechreuodd Alun godi o'i sedd wrth gydio yn llaw y cyflwynydd cyn sylweddoli y buasai'n debygol o daro'i ben ar un o'r lampiau pe buasai'n codi. Gwenodd yn nerfus ar Paxman a dweud, 'Nice to meet you. Call me Alun.'

'Paul Simon, wasn't it?' meddai Paxman wrth eistedd ar y gadair wag a oedd yn wynebu Alun.

'Sorry?'

'You can call me Al.'

'Sorry?' meddai Alun eto, ei feddwl wedi troi'n bowlen o uwd mwyaf sydyn.

'The song!' datganodd Paxman ac edrych i lawr ei drwyn hir drwy'i sbectol ddarllen ar y papurau yn ei law. 'Good God, man! It says here that you own a record shop. Haven't you heard of Paul Simon?'

'Yes, of course. *Graceland*,' meddai Alun gan adfer ychydig bach o'i hunan-barch. 'I was distracted by the view.'

Edrychodd Paxman allan drwy'r ffenest, a'r beiro yn ei law yn ffeindio'i ffordd tuag at ei wefusau. 'Yes, rather iconic, I suppose. Never been up the damn thing though.'

'Doesn't appeal to me either,' meddai Alun. 'Never been one for fairground attractions.'

'Strikes me now, looking at it, as a metaphor for life,' dechreuodd Paxman, ei lais yn ysgafn ac yn syllu ar y dŵr islaw. 'You get on, go round and round and round enjoying the view. And then you get off. All rather pointless.' Sibrydodd y geiriau diwethaf yn araf cyn ochneidio'n dawel. Aeth y stafell yn ddistaw mwyaf sydyn wrth i'r dyn sain gau'r ffenest, a gallai Alun glywed ei hun yn llyncu poer yn glir fel cloch.

Trawodd y cyflwynydd y papurau i lawr ar y bwrdd isel rhwng y ddau ohonynt gan ddianc yn sydyn o'i synfyfyrdod. 'Okay, how do you want to do this? Do you want to go over a few of the questions before we start?'

'No, I'm fine. You ask them, I'll answer them.'

'That is the traditional way,' meddai'r cyflwynydd wrth syllu dros ei sbectol ar Alun. 'Although most politicians try to find ways of *not* answering the question.'

'I'm not a politician, Mister Paxman.'

'No, indeed.'

Daeth y cynhyrchydd, dyn o'r enw Ian, i bwyso'i ddwylo ar y bwrdd rhwng y ddau. 'Are we ready, gents?'

Edrychodd y dau ddyn ar Alun. Cymerodd anadl ddofn cyn nodio arnynt.

*

Oriau yn ddiweddarach roedd Alun yn gorwedd ar soffa hir y Penthouse Suite. Roedd o'n gwisgo bathrôb gwyn y gwesty, a'i wallt gwyllt yn diferu dros y lledr moethus. Edrychai heibio'r gwydriad o win coch oedd ar y bwrdd gwydr o'i flaen ar y sgrin deledu anferth oedd wedi'i suddo i mewn i'r wal. Roedd ei ffôn symudol wrth ei glust yn ei law chwith, a rimôt y teledu yn ei law dde.

'Be ti'n recynio?' meddai Dave ar ei ffôn o Gaernarfon. 'A'th hi'n o lew?'

'Gei di weld yn munud.'

'Roeddach chdi'n edrych yn wahanol ar y TV ar gychwyn y rhaglen. Yn HD felly.'

'Be ti'n feddwl – yn wahanol? Yn hen, felly?'

''Di blino, ella. Roeddach chdi 'mond on am eiliad neu ddau.'

'Maen nhw'n rhoi'r goleuadau 'ma arna chdi, fath â bod chdi ar y *stage*. Neud i chdi fod isho byrstio allan i ganu.'

'Sut un oedd o, 'ta?'

'Pwy? Paxo?'

'Naci'r dyn oedd yn gneud y goleuadau. Ia, siŵr Dduw! Y Pacman!'

'Ffycin swreal. Dyna sut beth ydi cael dy gyfweld gan Paxman. Dwi dal mewn sioc, dwi'n meddwl. Yn edrych ymlaen at glywed be ffwc dwi 'di ddeud wrtho fo.'

'Be? Ti'm yn cofio?'

'Dim a deud y gwir, na'dw. Dim llawer, beth bynnag. Faint o'r gloch 'di?'

'Deg munud wedi. Chdi sy 'mlaen ola, dwi'n meddwl. Yn ôl y cyflwyniad ar y cychwyn, *anyway*.'

'Ffonia i chdi'n ôl wedyn 'ta,' meddai Alun, ac ar y gair dyma'i lun yn ymddangos wrth gefn Laura Kuenssberg ar y sgrin fawr dawel o'i flaen.

'Dyma chdi!' ebychodd Dave. 'Aros ar y lein, gei di *blow-by-blow account* o be mae nhw'n feddwl ar "hashtag newsnight" ar Twitter.'

'Popeth yn iawn, Dave. Ffonia 'i chdi wedyn, 'li.'

'On ...' Gydag un symudiad disodlwyd y ffôn symudol gan y gwydr gwin yn ei law a hanner yr hylif coch ynddo wedi'i lyncu gan yr awdur. Trodd y sain ymlaen ar y teledu.

'... and Jeremy Paxman went to meet the controversial author earlier today,' meddai'r ddynes gwallt melyn ar y teledu, ei hwyneb yn ddifrifol fel angladd.

Grêt, meddyliodd Alun gan lyncu gweddill y gwin a gweld llun o'i hun yn ymddangos ar y sgrin trwy'r gwydr gwag. Be ydw i? Y ffycin Taliban?

Paxman: So, Mister Cob. Why do you hate the English?

Cob: That's a strange question, to which the simple answer is, I don't.

Paxman: (*Ei aeliau wedi'u codi i'r eithaf*) Well, you've got a jolly peculiar way of showing it. What I have in my hand here is a death warrant for an Englishman. Your book, Mister Cob. *Sais*, meaning English in your native Welsh.

Cob: It's neither a licence to murder nor a method of murder. It's just a simple thriller.

Paxman: In which the protagonist targets men for no other reason other than their nationality.

Cob: It's fiction. A pulpy thriller, nothing more.

Paxman: Somebody, or some people, seems to have a different opinion. Even before it was published in Welsh, Francis Rutherford had been shot dead in a style very reminiscent of your fictional killer. Isn't that so?

Cob: Yes, and I was interviewed and cleared by the police.

Paxman: Nevertheless, he was killed because of your book …

Cob: He was murdered by a psychopath who had obviously read at least the plot of my book, yes. But I do not think that makes me an accessory or culpable, in any way.

Paxman: (*Oedi wrth iddo ochneidio ac edrych i lawr ar ei nodiadau*) Are you a nationalist, Mister Cob?

Cob: Pardon?

Paxman: Are you a *Welsh* nationalist? It's a simple enough question.

Cob: (*Ei dalcen wedi crychu*) I would identify myself as being Welsh and not as being British, if that is your definition. But only insofar as that goes, my outlook is international, otherwise. I find it strange that this notion of nationalism is always portrayed by the English media as being akin to terrorism or to extreme political thinking.

Paxman: (*Yn codi'i aeliau unwaith eto*) In what way is this strange?

Cob: Well, the English love the idea of Britishness because this equates to its lesser partners, the conquered and colonised neighbours, being happy with their lot. To many in Wales the Union Jack is a symbol of colonisation. Britishness is Englishness in all but name. This is your nationalism. If you are proud of Britain, relate to Britishness, this to my eyes makes you a nationalist. It is a play on words. I am … in Welsh, yn reddfol … by instinct … a Welshman. And certainly not a Brit.

Paxman: You spoke a bit of your native Welsh there, and all your books are in Welsh.

Cob: Yes.

Paxman: But here you are on *Newsnight* promoting the English translation of your book that is soaring up the bestsellers list, selling thousands of copies.

Cob: I was invited on your programe, but I am certainly not promoting the translation of this book. I haven't read it and nor do I intend to. It was instigated by my publishing house.

Paxman: But with your permission?

Cob: With my naive knowledge and reluctant permission.

Paxman: (*Yn oedi unwaith eto i edrych ar ei nodiadau cyn pwyso'i beneliniau ymlaen ar ei bengliniau*) This murder is going to make you a wealthy man, is it not?

Cob: (*Yn codi'n gefnsyth yn ei sedd*) Again, can I just say that the psychopathic murderer has nothing whatsoever to do with me. He may be using the book as a inspiration for his bloody acts, but I did not shoot the gun and I certainly do not condone it.

Paxman: Will you, then, keep the money from the sales of the book?

Cob: (*Wedi oedi am rai eiliadau*) When you report on a murderous war in some far-away country, do you then donate all your wages to a charity?

Paxman: Alan Cob, thank you very much.

Rhoddodd y camera un olwg olaf ar Cob yn gwgu'n flin cyn i'r llun ddychwelyd at Kuenssberg yn y stiwdio.

Dyma'r ffôn symudol yn grwmial ar y bwrdd. Pwysodd Alun ymlaen ac edrych ar yr enw ar y sgrin: Elinor Wyn Reynolds. Gadwodd iddo fynd i *voicemail*. Dechreuodd y grwmial eto tra oedd Alun yn edrych ar y tywydd. Diwrnod poeth arall yn Llundain fory. Glaw yng ngogledd Cymru, sylwodd. Cododd y ffôn.

Dave.

Cymerodd yr alwad.

'Pam ffwc oeddach chdi'n edrach mor *miserable* ar ddiwedd yr *interview*?'

'Gafodd o'n enw fi'n *wrong*.'

90

'Ti'n ffycin trendio eto.'

'Paxman sy'n trendio, Dave. Fi sy'n digwydd bod y cradur diweddara roedd o'n ei dynnu'n ddarna ar y bocs.'

'Dyna lle ti'n *wrong*, 'li. Mae hi'n *fifty-fifty* ar Twitter. Lot yn lecio'r *English-Brits angle*.'

'Dyna pam ma'r dyn yna'n ca'l ei dalu'r *big bucks*,' meddai Alun, 'am ei fod o'n gallu codi gwrychyn rhywun, ca'l pobol i ddweud petha tydan nhw ddim o reidrwydd isho'u rhannu efo gweddill y byd, ti'n gwbod.'

'Wel, ti 'di ddeud o rŵan do! Chdi fydd *poster boy* y Welsh Nashis rŵan.'

Chwyrnodd Alun cyn dweud. '*Typical* ohona i, 'de Dave. Dwi'n trio esbonio'n hun a dwi'n gneud petha'n waeth eto.'

'Ella fysa hi'n syniad i ti adal y wlad am chydig. Mae'r World Cup drosodd rŵan ond sut ma Brasil yn swnio?'

'Fysa fo'n addas, siŵr o fod. Dyna lle aeth y Nazis i guddio ar ddiwedd yr Ail Ryfel Byd. Lloches y ffasgwyr. Un problem fach, fel ti'n gwbod, Dave, dwi'n casáu tywydd poeth a pêl-droed. Fel ddudodd yr hen Lloyd George: "Morbid footballism". Dyna'r oll ma hanner dynion y ffycin wlad 'ma'n meddwl amdano. *Morbid* ffycin *footballism*.'

Pennod 10

2007

'TYDI O DDIM YN OCÊ, Alun,' meddai Awen drwy'i dannedd, y geiriau yn ffyrnig ac ar dân.

'Job din oedd hi, beth bynnag,' meddai Alun yn y sêt gyrru hanner ffordd ar draws bwa mawr ffordd osgoi'r Felinheli.

'A be? Ti'n meddwl fod jobsys fel 'na yn tyfu ar goed, wyt ti? Hefo ffycin pensiwn a *thirty five* o ddiwrnoda gwylia bob blwyddyn, a Dolig ar ben hwnna wedyn, a *bank holidays*. A neb yn cwyno gormod pan ti'n cymryd *sickies*. Ac awr i ginio, os tisho. A ca'l gadal am bedwar, os tisho. Pwy sy'n gadal job fel 'na?' Ymestynnodd ei dwylo hi allan o'i blaen fel petai'n erfyn am ateb gan sgrin y Peugeot 407. 'A sut ti'n mynd i dalu am y car 'ma, Al? A ti 'di edrych ar bris petrol yn ddiweddar? Ti'n bod yn *ridiculous*.' Rhoddodd ei llaw ar ei wallt syth, yn slic gyda phomâd. 'Dos i weld personél fory a deud dy fod ti wedi newid dy feddwl.'

Edrychodd Alun arni am eiliad.

Roedd Awen yn gwybod o'i fynegiant penderfynol, tawel beth fyddai ei ateb. Tynnodd ei llaw yn ôl yn sydyn. 'Ffycin hel, Al, c'mon rŵan. Mae hyn yn *serious*. Be ti'n mynd i neud, e? Agor y siop *records* 'na ti 'di bod yn breuddwydio amdani, pan ma'r rhan fwya ohonan nhw'n cau lawr? Yr *internet*, ti'n gwbod? Ti 'di clywad amdano fo?' meddai hi'n goeglyd. ''Sna neb isho prynu ryw hen CDs llychlyd o rhyw siop geiniog a dima gachlyd mewn rhyw stryd gefn yn blydi Bangor neu Gaernarfon.'

'Dwi'n ...' dechreuodd Alun.

''Ta ti'n meddwl darfod y ffycin llyfr na ti 'di bod yn bygwth sgwennu ers blynyddoedd? Pwy sydd yn mynd i fod isho pyblishio dy rwtsh di? Pwy ddiawl fydd isho'i ddarllen o wedyn? A beth amdanan ni? Ti 'di meddwl am hynna? 'Dan ni fod yn chwilio am dŷ. Mae hyn yn rhoi'r *kibosh* ar y syniad yna'n saff i chdi.' Aeth pethau'n dawel yng nghaban y car am ychydig ac roedd Alun yn brwydro yn erbyn yr ysfa i droi'r radio ymlaen. Gyda hyn, dyma Awen yn gofyn mewn llais is, a'r sŵn am unwaith yn rhesymol i'r amgylchedd. 'Ti'n caru fi, hyd yn oed, Al? Wyt ti?'

Edrychodd Alun arni eto; nid oedd yn gallu synhwyro unrhyw wir emosiwn yn ei mynegiant. Roedd hi'n amlwg yn ceisio edrych yn erfyniol a thrist ond edrychai'n fwy fel pe bai hi wedi pwdu.

'Wrth gwrs 'mod i. Be sy an' ti? Hulpan wirion.' Gwenodd arni a chwerthin. 'Roeddwn i jest wedi cael digon. Ro'n i'n boddi yn y môr o *bureaucracy*. Dwi isho gneud rwbath. Creu rwbath go iawn.'

'*Early onset midlife crisis*, os ti'n gofyn i fi,' meddai Awen yn chwerw.

'Awi, Awi … Fyddan ni'n iawn, 'sti. Mond i ni ista lawr yn rhesymol ac edrych ar 'n opsiyna.'

'Yn rhesymol, medda fo! Yn blydi rhesymol. Ti'n gadal job *twenty five grand* y flwyddyn heb unrhyw syniad be ddiawl ti'n mynd i neud nesa a heb gonsyltio hefo fi a ti'n gofyn i fi fod yn rhesymol? Stopia'r car!'

'Be?'

'Stopia'r ffycin car 'ma. Rŵan hyn!'

Roeddynt newydd droi o gwmpas y gylchfan ar waelod y ffordd osgoi ac yn gyrru tuag at Gaernarfon. Roedd Awen wedi bod yn falch o'i weld pan oedd o'n aros amdani'n annisgwyl tu allan i'w swyddfa cwmni yswiriant ym Mangor. Dyma syrpréis neis, meddai hi. Roedd hyn cyn iddo rannu'i newyddion, wrth gwrs. Edrychodd arni nawr i weld os oedd hi o ddifri am iddo stopio'r car. Roedd ei bochau'n goch fel pe bai wedi cael swadan gan gledr llaw.

'Ocê.'

Daeth y Peugeot i stop yn y safle bysys gyferbyn â Griffiths Crossing.

'Allan,' gorchmynodd Awen.

'Be, tisho dreifio?' gofynnodd Alun a diffodd yr injan. Doedd ei gariad ddim am ateb ac roedd hi'n eistedd yno'n syllu drwy'r ffenest flaen. Sŵn ceir yn gwibio heibio yn gyson fel metronom. Tynnodd Alun ei wregys, agor y drws a chamu allan ar y tarmac. Gwelodd Awen yn pwyso'r botwm i gloi'r drysau cyn iddi sboncio'i phen-ôl, yn ei sgert dynn, oddi ar sêt y teithiwr i'r sêt yrru.

Edrychodd Alun wrth i'w gar wthio'i ffordd yn ddigywilydd i mewn i'r llif traffig a'r car tu ôl iddo'n brêcio'n galed ac yn canu'i gorn.

Wel, a'th hynna'n well na'r disgwyl, meddyliodd gan ddechrau cerdded am Dre.

*

Erbyn iddo gyrraedd cyrion Caernarfon, ar y lôn feics oedd yn dilyn glan y Fenai, roedd hi wedi dechrau bwrw rhyw law gwlithog, cynnes, anghyffredin. Teimlai'r gwlybaniaeth yn braf ar ei wyneb ar ôl iddo dynnu'i sbectol. Prin y gallai weld ddeg llath o'i flaen hebddynt, felly rhwbiodd nhw'n gyflym ar ei grys cyn eu rhoi 'nôl ar ei drwyn.

Edrychodd i fyny ar y rhesi o dai'n dringo ymyl y bryn ar y chwith iddo tuag at Twthill i fyny tuag at Lôn Warfield. Yn yr haf allai o ddim gweld ei fflat ar flaen y lôn oherwydd yr holl ddail ar y coed. Yn y gaeaf roedd yn gweld y golau ynghynn yn y gegin wrth ddychwelyd ar ôl iddo fod ar ei feic. Cerddodd yn ara deg i fyny ffordd Porth Waterloo. Roedd o'n casáu ffraeo a dadlau a gweiddi, ac roedd o'n casáu colli'i dymer. Dyna pam ei fod yn llusgo'i draed, siŵr o fod, meddyliodd. Gwyddai'n iawn y bysa pethau'n gwaethygu sylweddol pan fyddai'n cyfaddef wrth Awen ei fod eisoes wedi arwyddo cytundeb i brynu siop a'r fflatiau uwch ei phen yn y dre.

Lle uffar gest ti'r pres, fysa hi wedyn.

Arian wedi'i gynilo, wel, rhyw bum mil ar hugain, a'r gweddill yn fenthyciad banc yn erbyn y fflat yn y Felinheli, oedd yr ateb. A dyna ni, wedyn. World War Three, mewn *glorious* Technicolor yn ystafell fyw fflat rhent rhif 3 ar Lôn Warfield.

Chwarddodd Alun wrtho'i hun. Warfield!

Pres *deposit* ni oedd hwnna i fod. Ti'n gall, dwa'? *Serious*, ti 'di colli arni. Y bastad gwirion. Dyna fydd hi wedyn, y sain wedi'i droi i fyny i un ar ddeg, fel yn y *Spinal Tap*.

Roedd y glaw gwlithog rhyfedd wedi diflannu erbyn iddo groesi'r ffordd fawr ar ben ffordd Porth Waterloo a rhoddodd ei law ar dop y wal gerrig fach wrth basio, yr un gyda'r arwydd 'Croeso i Gaernarfon' wedi'i suddo mewn iddo.

Croeso adra.

Dyna'i Peugeot yn sgleinio'n ddrwgargoelus ddu yn yr haul ar y lôn uwchben y tŷ. Nid oedd Alun yn siŵr a oedd ei stumog yn corddi erbyn iddo gyrraedd Lôn Warfield oherwydd y gyflafan sicr oedd o'i flaen neu oherwydd ei fod yn llwglyd ar ôl ei filltir o gerdded. Rhwbiodd ei fol wrth lithro'i oriad i glo'r fflat.

''Di hi'n iawn i fi ddod i fewn?' gofynnodd wrth gilagor y drws a gwthio'i ben i'r cyntedd hir.

Dim ateb.

'Roeddwn i'n hanner disgwyl y bysa'r *latch* 'di cloi,' meddai wrth stelcian i lawr y coridor. Roedd drws ei stafell wely ar gau a drws agored y stafell fyw yn galw. 'Helo? Ti 'di calmio lawr fymryn?'

Aeth at adwy'r drws a gweld Awen yn eistedd wrth y bwrdd bwyd gwydr a'i chefn at y drysau Ffrengig, ei phen i lawr yn edrych ar y ffôn symudol yn ei dwy law.

Ffôn Alun.

Symudai cudynnau o gymylau gwyn ar garlam ar yr awyr las tu allan i'r ffenest y tu ôl i'w gariad. 'Nath dy gefnder ffonio.'

'Nes i adal 'n ffôn yma bore 'ma, ma'n rhaid. Anghofio fo.'

Cododd Awen ei phen a sylwodd Alun yn syth fod rhywbeth arall wedi digwydd. Edrychai Awen arno fel pe bai'n cydymdeimlo ag ef am rywbeth nad oedd eto'n ymwybodol ohono. 'Sion, ia?'

'Sion, ia. Dwi'm 'di siarad hefo …' Gwawriodd y gwir arno tra siaradai. 'Pa un?' gofynnodd.

'Dy dad,' meddai Awen, yn edrych yn dristach nag yr oedd Alun wedi'i gweld mewn pum mlynedd o fyw gyda'i gilydd. 'Roedd o'n Harlech, medda Sion.'

'O?' meddai Alun a rhoi ei oriadau yn y bowlen ar y bwrdd uchel wrth y drws a thynnu'i sbectol.

'Ma dy Yncl Glyn 'di'n trefnu'r cnebrwng, medda Sion.'

'O?' meddai Alun, yn glanhau'i lensys gyda llawes damp ei grys.

Cododd Awen. 'Sgin ti'm byd arall i ddeud? Mae dy dad wedi marw, Al.'

'Do,' meddai. Be arall dwi'n fod i ddweud, meddyliodd. Roedd o wedi meddwl am y foment hon ers blynyddoedd. Sut bysa fo'n teimlo. Roedd o'n ymwybodol sut roedd pobl yn arfer teimlo, fod i deimlo, pan oedd rhiant yn marw.

Galar.

Tristwch fel tonnau yn chwalu'u pennau.

Beichio crio, efallai.

Cofiodd am ei dad yn stopio'i Ford Zodiac, rywle ar y ffordd i wneud y siopa wythnosol, 'nôl pan oedd Alun yn blentyn. Ei dad yn ysgwyd fel pe bai daeargryn yn ei gorff, ac Alun a'i frodyr yn y sêt gefn. Ysgwyddau'r dyn yn grwm fel ysgwyddau arth yn sêt y dreifar. Yna dechreuodd grio yn uchel, ei ddwylo dros ei wyneb. Nid oedd Alun erioed wedi gweld unrhyw oedolyn yn crio o'r blaen, heb sôn am ei dad. Ar ôl ychydig, a'r tri brawd yn edrych ar ei gilydd yn dawel yn y sêt gefn, daeth y twrw i ben. Taniodd eu tad sigarét, agor ffenest ac ymlaen i Kwik Save heb ddweud gair. Dywedodd ei fam wrtho y noson honno fod ei dad yn galaru oherwydd bod ei dad yntau wedi marw. Ond, fel roedd Alun yn cofio roedd hyn wedi digwydd wythnosau ynghynt. Peth felly ydi galar, roedd ei fam wedi dweud.

Doedd o'n teimlo dim byd. Roedd Alun wedi gwneud ei alaru, amser yn ôl, pan ddatguddwyd y pethau erchyll hynny a ddinistriodd y teulu. Ei dad diawl a'i weithredoedd erchyll. Flynyddoedd ynghynt. Ac nid oedd y ffaith fod y dyn wedi stopio cymryd ei wynt yn ddiweddar yn berthnasol. Doedd y newyddion am farwolaeth ei dad yn ddim mwy na gwybodaeth iddo.

'Ddudodd Sion fod dy frodyr ddim am fynd i'r cnebrwng. Na chdi chwaith, siŵr o fod, medda fo. Ydi hynna'n iawn?'

'Yndi,' meddai Alun yn rhoi'i sbectol ar ei drwyn.

'Pam, Al? Be ddigwyddodd? Pam ti byth yn siarad amdano fo? Amdanan nhw? Dy deulu di?'

Sut wyt ti'n sôn am beth mor erchyll? Pam fysa dyn yn siarad am beth mor rhyfeddol o uffernol heb fod rhaid? Pam fysa dyn isho crafu'r graith honno? Roedd pawb yn y teulu wedi penderfynu symud ymlaen ar wahân. Hollti'r uned yn ddarnau unigol a cheisio creu bywydau newydd. Dyna oedd yr unig ffordd ymlaen i Alun.

Ac felly, rai blynyddoedd ynghynt mewn ystafell dywyll, roedd o wedi crio'n ffyrnig fel blaidd clwyfedig, ei gorff mewn gorffwyll emosiynol. Wedi gwasgu ei goesau'n dynn i'w fynwes, yn belen o ddagrau mewn cadair freichiau. Y casineb a'r gwylltio yn eu hamlygu'u hunain yn y môr o lysnafedd; chwys a dagrau poeth ar hyd ei wyneb. Roedd ei dad wedi chwalu'r teulu. Wedi dinistrio'r syniad o deulu iddo, am byth. Dyna pryd roedd Alun wedi galaru. Ond roedd hynna cyn iddo gyfarfod ag Awen, a bellach roedd y gorffennol hwnnw wedi'i gloi mewn cist drom ac wedi'i suddo i waelod môr ei atgofion. Yn y gorffennol yr oedd hynny. Symud ymlaen.

Cydiodd Alun yng ngoriad ei gar o'r bowlen. 'Dwi'n mynd allan.'

'Alun!' gwaeddodd Awen wrth iddo gau drws yr ystafell a brasgamu ar hyd y cyntedd.

Pennod 11

Naw mis ar ôl saethu Declan Sullivan roedd y ferch wedi ymgartrefu ar Ynys Môn. Plas Blaen-cwrt yn wynebu Ynys Cybi, dyma'i gweithle diweddaraf – gwesty tair seren yn gwasanaethu twristiaid a gwerthwyr yn bennaf. Helen, oedd ei henw y tro hwn. Helen Roberts. Roedd hi wedi hurio uned ddiogel gan Anglesey Storage Solutions yng Nghaergybi, ac yno roedd un o'r dau ddwsin o focsys plastig mawr o Wilko yn cynnwys y reiffl o'r Alban a'i focs bwledi: pedair rhes o bedwar o daflegrau bach arian yn disgwyl eu cyfle. Doedd hynna ddim yn gwbl gywir chwaith. Roedd un gwagle yn y bocs.

Y bwriad oedd mynd 'nôl i Ddulyn wedi'r cyrch i ganolbarth Cymru. Wedi'r ymchwil: darganfod union leoliad Jasper Constantine. Wedi'r llech-hel: astudio symudiadau Jasper Constantine. Wedi'r paratoi: cofnodi'r patrymau yn nyddiau Constantine.

Ond roedd hi wedi galw ym Mhlas Blaen-cwrt ar chwiw ac wedi cael swydd glanhau a gweini, gyda llety, yn yr hen blasty. Roedd hi eisoes wedi cadw'i hychydig eiddo, a'r reiffl, yn y storfa yng Nghaergybi gan obeithio treulio'r gaeaf yn Nulyn cyn dychwelyd, ar ôl paratoi'n drylwyr, yn barod i weithredu.

Ac wedyn roedd hi wedi cyfarfod â Richard, hogyn y cyfrifiaduron, ac wedi galw'i hun yn Mirain am noson.

Wedi darganfod y llyfr. Dwyn y llyfr. Darllen y llyfr. Wedi cael syniad gwell. Mantell i'w thaflu dros ei drwgweithredu hi. Llwch i lygaid yr awdurdodau. Gwell cynllun.

Sais.

*

Nid oedd hi'n anodd lleoli Francis Rutherford. Ond roedd bron i chwe blynedd wedi mynd heibio ers iddi'i weld ddiwethaf ac roedd y ferch yn poeni na fuasai hi'n ei adnabod bellach. Un munud yng nghwmni dyn dros hanner degawd ynghynt. Ond roedd ei wyneb wedi'i stampio'n annileadwy ar ei chof. Gwastraff oedd ei gofid, beth bynnag, gan nad oedd Francis Rutherford wedi newid dim.

Eisteddai'r ferch yn ei char Smart i lawr y lôn o dŷ teras ar stryd hir pentref Talysarn pan ddaeth rhywun allan drwy'r drws ffrynt. Francis Rutherford. Roedd hi'n hanner awr wedi chwech ar fore Llun ac roedd y ferch wedi bod yn eistedd yn ei char yn crynu gan oerfel a disgwylgarwch ers hanner awr.

Roedd hi wedi cael hyd i gyfeiriadau dau ddyn o'r enw Francis Rutherford yng ngogledd Cymru yn y llyfr ffôn: un ym Mwlchtocyn ym Mhen Llŷn a'r llall yn Nhalysarn yn Nyffryn Nantlle. Gan ei bod hi wedi cadw peth o gynnwys ei waled am yr holl flynyddoedd, roedd hi wedi dyfalu mai Rutherford Talysarn oedd y Rutherford cywir. Roedd cerdyn yn ei waled, cerdyn busnes tacsis ym Mhenygroes, drws nesaf i Dalysarn.

A dyma fo, a'i wyneb yn edrych fel pe bai amser wedi aros yn llonydd. Fel rhyw fath o Dorian Gray canol oed, di-ddim. Yr un gwallt cyffredin. Yr un math o ddillad anffasiynol. Francis Rutherford.

Trodd i'w chwith ar ôl pasio heibio waliau isel ei ardd flaen bitw, ei ddwylo ym mhocedi ei siaced a'i ysgwyddau wedi'u gwasgu at ei gilydd yn erbyn oerfel y bore. Brasgamodd i ffwrdd oddi wrth y fan lle roedd y ferch ar hyd y stryd hir a thawel. Doedd neb arall o gwmpas. Disgwyliodd hi nes ei fod bron o'i golwg cyn tanio injan y car a'i ddilyn.

Nid oedd Rutherford wedi troi rownd pan barciodd hi, ac yntau'n diflannu – y tro hwn i mewn i'r chwarel ar ben y stryd. Gadawodd hi'r cerbyd a'i ddilyn drwy'r twll yn y ffens weiren uchel. Yn ôl yr olion traed roedd cannoedd eisoes wedi anwybyddu'r hen arwydd, **Perygl – Cadwch Allan**, ac ambell i dwll arian, perffaith grwn, yn ei fritho: tyllau .22 cowbois y pentre. Dilynodd y ferch yn ddigon pell yn ôl gan obeithio nad oedd Rutherford yn gallu'i chlywed na'i synhwyro. Ei gefn wastad o fewn ei golwg hi wrth iddo droedio'r llwybr llechi mân.

Roedd popeth yn wyrdd a phiws o dan yr awyr lwyd, a'r carped llechi dan draed wedi'i fabwysiadu gan ddarnau o wyrddni coediog, trwchus. Ambell wal ddiwydiannol o gerrig porffor yn codi'n uchel uwchben y dryslwyni. Yna, ymhen ychydig, ar y chwith roedd twll chwarel anferth, gan metr o ddyfnder, a'i waelod llyfn yn adlewyrchu awyr, yn llyn arian byw. Nid oedd modd iddi ddilyn Rutherford allan i'r tir agored a sicrhau nad oedd o'n ei gweld hefyd. Felly safodd yng nghysgod y dryslwyni, yn edrych arno'n cylchu ymyl yr hen dwll chwarel cyn diflannu o'i golwg.

Arhosodd.

Ymhen chwarter awr, ailymddangosodd Rutherford yn cerdded tuag ati o'r un cyfeiriad. Aeth y ferch yn ôl allan o'r chwarel ac eistedd yn ei char. Pasiodd Rutherford heibio ymhen ychydig a hithau'n eistedd yn isel o'i olwg yn ei sêt, y car wedi'i droi i wynebu oddi wrth y chwarel. Edrychodd ar ei watsh. Deg munud wedi saith.

Cychwynnodd y ferch yr injan pan welodd Rutherford yn troi i mewn i'w gartref a diflannu. Roedd hi yn ei gwaith erbyn wyth.

Dyna beth wnaeth hi am bythefnos, yr un peth bob dydd, ond heb ddilyn Rutherford i mewn i'r chwarel. Dim ond aros i weld a oedd o'n gwyro oddi wrth y drefn. Dydd Mawrth: yr un drefn yn union. Dydd Mercher: dim golwg ohono ac roedd yn rhaid i'r ferch adael am hanner awr wedi saith, er mwyn bod yn ei gwaith. Dydd Iau: yn ôl i'r drefn arferol. Dydd Gwener: allan â fo am hanner awr wedi chwech. Yr ail wythnos, dydd Mawrth oedd ei ddiwrnod segur; felly doedd y dyn ddim yn gwbl gaeth i drefniadau cyson. Roedd gan y ferch ddeuddydd i ffwrdd ar y drydedd wythnos: hon oedd yr wythnos bwysicaf. Dyma'r amser i roi'r darnau olaf yn eu lle.

Ar y dydd Llun, roedd y ferch wedi dal y bws olaf i Dalysarn ac wedi cyrraedd y pentref fel roedd yr haul yn diflannu y tu cefn iddi. Roedd yn gwisgo dillad cynnes ac yn cario sach deithio ysgafn ar ei hysgwydd. Sylwodd unwaith eto pa mor dawel oedd y pentref – sŵn dwl pêl-droed yn cael ei chicio'n ddiog eto ac eto yn y maes chwarae cyfagos. Hanner dwsin o blant yn eistedd yn anwybyddu'r ddau hogyn oedd yn pasio'r bêl yn ôl ac ymlaen i'w gilydd. Neb arall o gwmpas. Cerddodd y ferch heibio tŷ Rutherford, ei gyrtans ar agor a'r golau ynghynn. Gwelodd deledu sgwâr, hen dechnoleg, yn fflachio'i ddelweddau wrth iddi frysio heibio. Ni chafodd gipolwg o'i hysglyfaeth.

Ymlaen at ddiwedd y stryd hir a thrwy'r twll yn y ffens. Roedd hi'n prysur dywyllu erbyn hyn a stopiodd am funud i estyn tortsh Maglite, maint beiro, o'i bag. Rhoddodd hanner tro i'w ben a phelydr fel rhaff gref o olau'n ymddangos ohono. Cerddodd ar hyd ymyl twll y chwarel gan ddilyn y llwybr amlwg hyd nes cyrraedd darn o dir agored, eang ar ei ochr bellaf. Diffoddodd y ferch y tortsh a'i osod ym mhoced ochr y sach deithio. Aeth i'r sach ac estyn bag llwyd, meddal, hirsgwar. Maint pêl rygbi. Agorodd y bag ac estyn gwregys du ohono, ei osod ar ei phen a thynnu ar y strapiau ochr i'w dynhau o gwmpas ei thalcen. Roedd hi'n dal i dywyllu'n gyflym a'r lleuad fain o'r golwg yn y cymylau. Estynnodd yr OPMOD PVS-14 o'r bag a'i glipio ar flaen y gwregys pen, ei sylladur rwber yn cuddio'i llygad dde. Tynnodd y cap ar flaen y ddyfais a dyma'r nos yn troi'n ddydd, yn llachar ac yn or-wyrdd, yn ei llygad dde. Trodd y deial ar ochr y ddyfais a dyma'r golau'n pylu ychydig, i fod yn fwy cyffforddus. Roedd popeth yn wahanol arlliwiau o wyrdd.

Roedd hi wedi prynu'r ddyfais gan Blackie, dyn y pethau anghyfreithlon; dyn y papurau ffug, dyn y gynnau – os nad oedd rhywun yn malio gormod am eu gorffennol nhw. Nid oedd y ferch yn fodlon prynu reiffl gan Blackie heb sicrwydd, wedi iddi ei ddefnyddio, nad oedd modd i'r awdurdodau ffeindio'u ffordd at ddrws y slywen o Birmingham. Brymi gwyn gyda *ponytail*, ogla chwys diflas a synnwyr digrifwch sardonig yn hongian o'i gwmpas oedd Blackie. Nid Blackie oedd ei enw iawn. Fyddai ei gwsmeriaid ddim yn cael y math yna o wybodaeth gan y dyn bach. Rhif ffôn symudol a'r enw Blackie, dyna'r oll roedd y cwsmer yn ei gael. Wedyn trefnu cyfarfod, a Blackie'n cyrraedd yn ei fan wen yn llawn o bethau nad oedd pobl yr ynys hon fod i'w perchen. Roedd y sgôp gweld-yn-y-nos yn rhyfeddol, ac am £3,000 nid oedd y ferch yn disgwyl dim llai. Ond roedd hi'n gwenu fel ynfytyn wrth droi ei phen ac astudio'r tirlun o'i chwmpas.

'What does the Cat want with one of these?' roedd Blackie wedi gofyn wrth werthu'r ddyfais iddi. 'You can already see in the dark, can't you?' The Cat roedd o'n ei galw hi ac yntau'n un o'r ychydig bobl a oedd yn ymwybodol o wir hunaniaeth y ferch. Blackie, ac Yncl Jim hefyd efallai, os oedd o'n dal yn fyw. Ond roedd hi wedi newid ei golwg yn llwyr ers iddi weld Yncl Jim ddiwethaf. A fysa fo'n edrych ddwywaith arni wrth ei phasio ar y stryd? Doedd hi ddim yn siŵr. *If you want to be somebody else, I've got to know who you already are* – dyna roedd Blackie wedi'i ddweud wrthi pan ofynnodd y ferch am bapurau swyddogol newydd ganddo flynyddoedd ynghynt. Y cwrdd cyntaf. Fan wahanol oedd ganddo bryd hynny, ond doedd Blackie ddim wedi newid dim. Roedd hi wedi bod yn gwsmer da iddo ers hynny a fysa fo ddim wedi gofyn iddi beth roedd hi am ei wneud gyda'r sgôp heblaw fel esgus i wneud jôc. Nid oedd y ferch wedi'i ateb ond yn hytrach wedi dweud, 'Four thousand, you say? They cost three grand, dollars, in the States, off the shelf.'

'We're not in the US of A are we, little Kitty?'

'I'll give you three, you problably paid one. Am I right?'

'You're my favourite customer, so I'll tell you what I'll do. Three and a half and I'll throw in this waterproof camouflage poncho.'

Cymerodd y ferch focs y *poncho* yn ei dwy law. 'These cost, how much – twenty quid?' Edrychodd i fyny ar Blackie yn ddi-wên. 'Three, and I'm taking this.'

Ochneidiodd y dyn bach. Cododd ei ddwylo agored i fyny at ei ysgwyddau. 'My gift to you, my friend. Compliments of the house, well the van … whatever.'

Syndod mwya'r ddyfais gweld-yn-y-nos oedd y manylder. Er bod popeth yn wyrdd, roedd ymyl pob darn bach o lechen i'w weld yn glir fel dydd, pob manylyn. Syllodd hi o'i chwmpas yn gegagored fel pe bai wedi'i chludo i ryw blaned arall. Yr awyr oedd ryfeddaf, â chysgodion y cymylau isel yn edrych fel crwyn nadroedd wedi'u blingo a'u gosod ochr yn ochr â'i gilydd. Ceisiodd gerdded, a darganfod bod hyn hefyd yn eithriadol o hawdd, er bod ei llygad chwith yn gweld fawr ddim a'r nos wedi cau amdani.

Roedd adeiladau'r hen ddiwydiant yn rhesi taclus o adfeilion ar ymyl pella'r agoriad a thu cefn iddynt gorweddai'r tomenni tywyll o lechi, sbwriel wedi'i bentyrru'n uchel a'i adael i natur ei ailfabwysiadu. Tyfai ambell goeden mewn ambell fan yma ac acw ar y tomenni. Roedd incléin llyfn a syth fel lôn Rufeinig yn dringo rhwng dwy domen ac arwyddion o hen reilffordd gul yn y canol. Cerddodd y ferch at waelod y domen ac edrych i fyny'r incléin. Yn ôl y mapiau roedd y ferch wedi'u hastudio'n ofalus, hwn oedd yr ail incléin o bedair yn yr hen chwarel, chwarel Dorothea. Y rhain fyddai ei drws cefn hi allan o'r ardal. Canolbwyntio ar bractisio'r ddihangfa, dyna oedd hi am ei wneud heno. Trwy'r drws cefn.

Dechreuodd ddringo'r ail incléin, a'r llechi'n gwichian yn dawel dan ei thraed. Edrychodd i lawr ar ei hesgidiau cerdded gan ofalu nad oedd hi'n gwneud cam gwag wrth droedio'n rhythmig, heb stopio, tuag at y brig. Ar ôl cyrraedd pen ucha'r domen gwelodd lwyfan arall o dir agored gyda mwy o adfeilion eto o'r hen ddiwydiant, yn cynnwys twr anferth a dwy hen olwyn haearn arno. Ar ôl y darn hwn o dir fflat, dringai'r drydedd incléin â'i lwybr rheilffordd syth, tu cefn y twr.

Trodd y ferch ac edrych i lawr ar y twll chwarel islaw, ei ddwr yn ymddangos fel ceiniog werdd yn ei llygad dde. Gwelai oleuadau'r pentref yn disgleirio uwch y coed ar ymyl y chwarel. Roedd pob golau stryd fel haul bach wrth edrych arno drwy dechnoleg y sgôp. Cychwynnodd tuag at y drydedd incléin. Wrth gyrraedd ochr y twr clywodd y ferch dwrw llithro'r llechi'n canu ar ei hochr dde, heb fod ymhell. Plygodd lawr i'w chwrcwd a throi i edrych ar ddau olau, fel marblis gwyrdd, yn agos i'r llawr tua ugain llath i ffrwdd ohoni. Roedd y twrw wedi stopio. Ymhen eiliad diflannodd y marblis a gwelodd y ferch ochr lechwraidd llwynog yn dargyfeirio'i siwrnai i'w hosgoi, a'r llechi'n canu eto.

Dringodd i ben y llethr a throi i weld holl oleuadau Dyffryn Nantlle'n disgleirio fel carped o emeraldiau o'i blaen. Sychodd awel oer y chwys ar ei hwyneb, yr halen yn cosi'i thalcen dan wregys y sgôp. Aeth yn ei blaen heibio i adfeilion y drydedd incléin a dechrau dringo'r pedwerydd goleddf, a'r gwynt yn codi'n sylweddol wrth iddi esgyn i ben ucha'r dyffryn. Yn ôl y disgwyl, roedd lôn o lwch llechi'n ei hwynebu ar ben y bedwaredd incléin. Trodd y ferch a gweld dau lyn arall yn gylchoedd blêr ar y chwith yn y chwarel anferth islaw. Roedd yr un canol ddwywaith maint yr un wrth bentref Talysarn. Cymerodd seibiant wrth astudio'r tirlun islaw am unrhyw arwyddion o fywyd. Goleuadau'n symud, dyna oedd hi am eu gweld. Neu, a bod yn fwy cywir, ddim am eu gweld.

Dim fflachiadau. Os nad oedd rhywun arall yn defnyddio dyfais gweld-yn-y-tywyllwch, doedd neb o gwmpas o oleuadau Talysarn ar y dde yr holl ffordd hyd at oleuadau cyrion pentref Nantlle, rhyw filltir a mwy drwy'r chwarel ac i'r chwith. Caeodd ei llygad dde a chodi ei watsh i fyny at ei llygad chwith gan bwyso'i fotwm golau. 11:16.

Cychwynnodd ar hyd y lôn lechi ar ei hochr chwith, gan ddilyn pen y domen a dringo'n raddol. Roedd uchelfannau'r chwarel yn agored ac yn noeth i'r elfennau. Nid oedd fawr o goed yn tyfu yno, dim ond ambell ddarn o lwyn isel ymysg yr eithin, y rhedyn a'r grug. Y llechi mân yn teyrnasu o hyd dros y tirlun am y tro.

Cerddodd y ferch yn erbyn y gwynt am ryw chwarter milltir ar hyd y lôn oedd yn gwyro i'r chwith ac oddi wrth ymyl y domen. Ymunodd y lôn â ffordd letach a oedd yn amlwg yn dal i gael ei defnyddio, a'r wyneb llechi mân wedi'i gywasgu'n galed at ei gilydd. Diflannodd byd natur ac roedd pobman yn fryniau o lechi mân ac awyr unlliw yn ei llygad werdd. Roedd y rhan hon o'r chwarel yn cael ei gweithio o hyd. Dilynodd y lôn heibio i dwll arall – un hir a dwfn wedi'i foddi, craith siâp pladur ar wyneb y tir. Aeth heibio i'r twll, a gwyrai'r lôn eto i'r chwith, rhwng dwy domen isel cyn iddi ddod i derfyn mewn cylch agored anferth, esmwyth. Man troi i'r lorïau cludo, tybiai'r ferch. Tir mynydd cyffredin oedd y tu hwnt i'r cylch, yn agored ac yn codi'n raddol hyd at ambell olau stryd mewn pentref bychan yn y pellter. Y Fron. Cerddodd yn ei blaen drwy'r cylch a darganfod llwybr defaid drwy'r llwyni grug isel tua chyfeiriad y goleuadau.

Cyrhaeddodd y ferch fan cychwyn lôn tarmac gul oedd yn perthyn i ffermdy unig, ryw hanner can metr i fyny o'i blaen. Roedd y tŷ yn dywyll a phan gyrhaeddodd yr adeilad sylwodd fod ei ffenestri wedi'u bordio dan goed a bod ôl tywydd ar y sglodfyrddau a ddefnyddiwyd i'w gwarchod. Tyfai chwyn o gwmpas gwaelodion waliau'r tŷ ac roedd hen Datsun, ei deiars yn fflat, yn rhydu wrth ei ochr.

Da iawn.

Cerddodd ymlaen heibio'r ffermdy unig hyd nes cyrraedd croesffordd ar ymyl ucha'r pentref bychan, ei dai ar wasgar tua'r chwith. Tynnodd y sgôp oddi ar y gwregys pen. Edrychodd ar ei watsh. 11:56.

Roedd hi fel y bedd a'r hanner dwsin o oleuadau stryd fel cadwyn oren yn addurno'r pentref tawel islaw. Edrychodd ar yr arwydd wrth ei hysgwydd: Carmel ¾, ac islaw, Groeslon 2. Roedd y gwaith rhagchwilio wedi talu ar ei ganfed. Clipiodd y sgôp yn ôl ar y gwregys a chychwyn yn ôl am y chwarel.

*

Eisteddodd y ferch yn ei *poncho* cuddliw, ei llygaid yn drwm yn ei phen. Deffrodd, ei hwyneb penddelw ynghudd yng nghysgod cwfwl y *poncho*, wrth i rywun gerdded i'r golwg o amgylch ymyl y twll chwarel ymhell islaw: Francis Rutherford. Cododd ei binocwlars at ei llygaid. Ia, Rutherford. Edrychodd drwy'r teclyn ar y llwybr tu cefn i'r dyn a'i ddilyn yn ôl yr holl ffordd i'r pentref. Neb o gwmpas. Gollyngodd y gwydrau a chraffu ar y tirlun â'i llygaid noeth am unrhyw arwyddion eraill o fywyd. Dim byd.

Ar un o'i phedwar ymweliad yr wythnos cynt wrth baratoi, roedd hi wedi darganfod y man perffaith hwn, llecyn manteisiol mewn hen adeilad bychan, di-do, hanner ffordd i fyny'r domen. Dyfalai mai toiled oedd yr hen adfail llechi erstalwm efallai, ond roedd yn siwtio'i phwrpas i'r dim. Cododd y reiffl a rhoi ei faril hir drwy agoriad ffenest ddi-lintel y cwt. Gwelodd Francis Rutherford yn pigo'i drwyn drwy'r teclyn telesgopic ar dop y reiffl. Cymerodd anadl ddofn ac atseiniodd clec y taniad fel chwipiadau ar hyd y tomenni. Drwy'r telesgop gwelodd Rutherford yn disgyn fel sach o lo. Rhoddodd y reiffl i lawr a chydio eto yn y binocwlars. Edrychodd o'i chwmpas ym mhobman â'i llygaid noeth. Tynnodd y darnau rwber melyn allan o'i chlustiau a gwrando'n astud. Nid oedd hyd yn oed sŵn adar yn canu. Roedd hi'n fore llonydd a llwyd a'r byd fel petai wedi'i seibio.

Brysiodd i godi'r getrisen wag a'i photel ddŵr oddi ar y llawr a'u gosod yn ei sach deithio. Edrychodd allan eto a gweld nad oedd Rutherford wedi symud modfedd. Neb arall o gwmpas. Cadwodd y reiffl yn ei gwdyn lledr a'i daflu dros ei hysgwydd. Cododd y sach a'i rhoi ar yr ysgwydd arall er mwyn cael cydbwysedd. Craffodd lawr y cwt yn ofalus am unrhyw sbwriel yn dilyn ei horiau o aros yno. Dim.

Troediodd yn ofalus ar hyd llechi tywyll, twyllodrus y domen tuag at sicrwydd cymharol y llethr esmwyth. Brysiodd wedyn i lawr yr ail incléin gan codi'i phen ambell dro ac edrych o'i chwmpas. Rhuthrodd ar hyd tir agored y chwarel gan gydio'n dynn yn strapiau'i hoffer. Cyrhaeddodd gorff Rutherford, oedd yn gorwedd ar ei fol, ei wyneb tua'r llawr a chylch porffor tywyll yng nghanol cefn ei siaced goch. Rhoddodd ei throed ar ei ysgwydd a'i wthio drosodd ar ei gefn. Edrychodd i fyny arni â'i lygad chwith, ei wyneb mewn ystum grotésg, ei lygad dde, fel pe bai wedi'i thaflu oddi ar ei hechel, yn syllu ar ei drwyn. Nid oedd unrhyw fywyd yn y naill lygad na'r llall. Roedd ei ddwylo wedi'u codi tuag at dwll y fwled ar ochr uchaf ei fron, eu bysedd ar wahân ac yn stiff.

Yn union fel yn y llyfr gan Cob, roedd y ferch wedi gwneud ei phapur ac inc ei hun. Ac felly heddiw hefyd roedd hi wedi gwisgo menig rwber wrth sgwennu'r gair â chwilsyn ar y darn papur. Aeth o dan y *poncho* a thynnu'r darn papur allan o boced uchaf ei siaced. Rhoddodd gic fach i gorff marw Rutherford.

'Cofio fi?'

Plygodd drosto a gosod y papur yn y gwagle rhwng dwylo Rutherford cyn llithro'i ymylon o dan fysedd ei ddwy law. Estynnodd diwb o Super Glue o'i phoced, ei agor a gwasgu deigryn o'r hylif ar ddefnydd coch siaced Rutherford – pwysodd gornel y papur yn sownd iddo.

Cododd ac edrych o'i chwmpas. Roedd yr adar yn canu unwaith eto ond nid oedd neb o gwmpas. Trodd a dechrau brasgamu am oleddf yr ail incléin. Adra drwy'r drws cefn. Roedd hi ar ben ucha'r chwarel ac wedi dechrau cerdded y lôn lechi tuag at y Fron pan glywodd hi seirenau'r gwasanaethau brys, yn mynd a dod ar yr awel gref. Erbyn iddi gyrraedd ei char Smart wrth ochr y Datsun ger talcen y ffermdy gwag roedd popeth yn dawel. Fel unrhyw fore arall. Aeth i mewn i'r Smart yn go handi a chychwyn yr injan. Ni welodd y ferch yr un enaid byw na char hyd nes iddi gyrraedd gwaelod y mynydd yn y Groeslon. Roedd hi 'nôl ym Mhlas Blaen-cwrt erbyn hanner awr wedi deg.

Pennod 12

'FYDDET TI DDIM YN CREDU'R CYNIGION sy'n dod mewn, Al 'chan,' meddai Elinor, ar y ffôn o Gomer.

'Be, 'di'r Pab wedi gofyn am *audience*, 'dio?' atebodd Alun, yn dal yn flin ei fod wedi ateb yr alwad yn y lle cynta. Roedd newydd ddod allan o'r gawod yn y Penthouse Suite ac yn teimlo ychydig bach yn unig, teimlad eitha dieithr a rhyfedd iddo gan fod yr awdur wedi hen arfer â bod yn ei gwmni'i hun erbyn hyn.

'Gwell na'r ffycin Pope, man. Phillip Schofield! *This bloody Morning*. A shwd fyddet ti'n lico cwrdd ag Alex Jones? Ma'r *One Show* wedi galw. "The" *One Show. Ticket to ride*, Al, *ticket to ride*.'

'Dim diddordeb, Elinor.'

'Paid gweud 'nny, 'chan. Rhaid i ti syporto'r llyfr, Al. Ni'n ca'l *twenty five thousand* yn yr ail *print run* a ma hanner rheina wedi mynd i Amazon yn barod.' Daeth distawrwydd wrth i'r golygydd aros am ymateb ffafriol i'w newyddion. Sylwodd yn ddigon buan nad oedd yr awdur am wneud unrhyw sylw.

117

'Ni'n siarad gyda'r *supermarkets* hefyd: Tesco ac Asda. Y *big boys*, Al!'

'Ddudes i ar y cychwyn wrtha chdi, Elinor. Gei di neud fel leci di, dwi wedi ca'l deud fy neud wrth Paxo. Dyna fo i fi. *Finished.*'

'Ond smo hwnna'n dderbyniol, Alun. *Not acceptable.*'

Gallai Alun deimlo gwres tymer Elinor yn codi gyda phob gair a'r awyrgylch ar y ffôn yn newid yn llwyr. Doedd o ddim am fynd i ddadlau ymhellach; diffoddodd y ffôn a'i guddio dan un o glustogau mawr y soffa. Funud yn ddiweddarach, dychmygodd ei fod yn gallu clywed y ffôn yn canu'n flin dros dwrw'r sychwr gwallt yn yr ystafell molchi.

*

Cerddodd Alun allan drwy ddrws troi modern y Corinthia Hotel, a'r gylchran wydr anferth yn symud yn esmwyth o'i flaen heb iddo'i chyffwrdd hyd yn oed. Safodd o dan ganopi cantilifrog y fynedfa'n edrych ar y glaw yn peltio'r lôn islaw. Roedd dau ddwsin o bobl y cyfryngau yn sefyll ar y pafin ar waelod y grisiau yn edrych yn ddigalon, wedi'u socian hyd at eu crwyn.

Disgwyl i ryw bopstar neu actor enwog ymddangos, tybiodd Alun. Twpsyn diniwed, meddyliodd wedyn wrth i'r dorf gyffroi yn un bwystfil tywyll o'i weld yn esgyn y grisiau.

'Mister Cob, Mister Cob!' bloeddiodd un newyddiadurwr ar ôl y llall, gan ergydio'i gilydd wrth geisio bod yn gynta i wthio meicroffon dan ei drwyn. Cododd meic bwm fel rhyw gwmwl du uwch ei ben a gwelodd o leiaf ddau gamera teledu dan orchuddion plastig dros ysgwyddau'r chwilyswyr oedd ar flaen y dorf. Roedd ambell un yn gyfarwydd iddo oddi ar y teledu, ond doedd o ddim yn cofio'u henwau.

'Did you know Jasper Constantine, Mister Cob?' gofynnodd dynes wynebgaled, enillydd y ras.

'How do you feel now that the killer's struck again?' mynnodd rhyw lais tu hwnt i'r tusw o feicroffonau oedd wedi'u hel yn fusneslyd o flaen ei wyneb.

'Are you in contact with the killer, Mister Cob?' gofynnodd y dynes wynebgaled eto.

'What had Mister Constantine ever done to you, Mister Cob?' Llais dwfn, acen Lundeinig gref. Tabloid, meddyliodd Alun wrth wthio yn ei flaen ar hyd y pafin a chadw at wal chwith y gwesty. Roedd o'n ysu am gael dweud *no comment* neu stopio ac esbonio nad oedd o erioed wedi clywed am unrhyw Jasper, heb sôn am ddal dig yn erbyn unrhyw un penodol. Ond taw oedd pia hi. Beth bynnag, roedd wedi cael braw o ddeall bod y syrcas wedi ailddechrau unwaith yn rhagor.

Dyn arall wedi'i ladd!

Bwriodd ymlaen gan ddefnyddio'i law agored o'i flaen i wneud llwybr drwy'r pac o newyddiadurwyr, fel pysgodyn yn ymladd nofio yn erbyn y llif. Croeson nhw'r lôn lydan yn un haid o bobl, a'r ychydig draffig yn stopio. Cafodd Alun gip ar ddyn tacsi yn lolian gorwedd dros olwyn lywio'i gab du, yn edrych arno, ei wyneb yn llawn ffieidd-dod a dirmyg. Meddyliodd tybed a oedd y dyn wedi ei adnabod? Oddi ar y teledu neithiwr, efallai? Edrychai fel pe bai'n ei gasáu o, yn bersonol.

Roedd lefel lleisiau'r pac wedi bod yn codi'n raddol, yn amlwg yn flin fod eu hysglyfaeth yn anwybyddu eu cwestiynau taer yn y glaw di-baid. Cododd y sain eto wrth iddynt ruthro i mewn i fynediad llydan gorsaf yr Embankment, eu lleisiau yn atseinio drwy'r gofod eang, Alun fud ar flaen y gad.

Aeth i'w boced ac estyn ei waled. Tynnodd y cerdyn Oyster roedd Elinor wedi'i drefnu iddo allan o'i boced, ac anelu am y periannau mynediad awtomatig ym mhen pella'r adeilad. Roedd momentwm sylweddol yn perthyn i'r bwystfil pen-awdur erbyn hyn, ond yn anffodus nid oedd y pen yn gyfrifol am y corff. Wrth weld caban gwerthu papurau newydd i'w chwith, penderfynodd Alun ei fod am brynu'r *Guardian* ac wrth wyro'n sydyn oddi ar ei lwybr tuag at y caban, cafodd wad galed ar ei arlais chwith gan ochr swmpus camera teledu. Teimlodd boen, fel pe bai sioc drydanol yn llenwi'i benglog.

Aeth popeth yn ddu.

Pennod 13

EDRYCHODD Y FERCH AM ORIAU ar y gwyfyn ar nenfwd ei hystafell. Y gwyfyn a'r ferch yn llonydd yn y gwyll. Golau lampau nos y gwesty yn mentro i mewn heibio ymylon y cyrtan. Cododd i fynd i'r tŷ bach i lawr y coridor o'i hystafell a symudodd y gwyfyn ryw ddwy droedfedd yn ei habsenoldeb. Pan ddaeth hi'n ôl, tynnodd ei choban nos a gorwedd yn noeth ar ben y cwilt. Ymhen rhyw gyfnod annirnadwy o amser trodd i edrych ar y cloc digidol. 04.37.

Anhunedd. Ei hymennydd yn gwrthod tawelu, yn gwrthod rhoi taw ar ddyfalu'r ods. Fe laddodd hi Francis Rutherford heb feddwl amdano fel person go iawn. Roedd yn rhaid cael rhywun, dewis rhywun, cyn Jasper Constantine. Ac roedd yn rhaid dewis rhywun arall ar ei ôl yntau wedyn. Roedd hi wedi cofio geiriau Rutherford, flynyddoedd ynghynt (nid oedd y dyn wedi dweud llawer mwy wrthi, ond roedd y geiriau wedi aros yn ei chof). *And I'm not actually Welsh*, dyna roedd o wedi'i ddweud,

And I'm not actually Welsh. Fysai'r Sais o Dalysarn byth wedi gallu dyfalu bod yr ychydig hyn o eiriau wedi selio'i ffawd. Dal at y cynllun, dyna oedd wedi mynd â'i holl sylw ar ôl iddi danio'r reiffl a lladd Rutherford. Nid oedd wedi teimlo'n sâl y tro hwn, fel gyda Declan Sullivan. Nid oedd wedi teimlo'n euog y tro hwn chwaith, fel gyda Declan Sullivan. Daeth rhywbeth arall yn sgil yr ergyd. Nid cryndod ond llonyddwch. Rhyw deimlad cadarn. Ei chorff yn caledu rywsut. Realiti'n dwysáu. Y byd yn newid, a hithau gydag ef.

Anhunedd. Daeth yr hen jôc i'w meddwl; dwi wedi bod yn gorwedd yma drwy'r nos yn trio cofio os dwi'n diodda o *amnesia* 'ta *insomnia*. Gwenodd wrthi'i hun am eiliad. Yna daeth Jasper Constantine i'w meddwl a throi'r wên yn wg.

Flynyddoedd ynghynt, roedd hi wedi penderfynu lladd Constantine, cyn hyd yn oed gwybod ei enw. Heb gyfarfod y dyn, hyd yn oed. Ond Constantine oedd ei gelyn. Dyma'r bwgan. Dyma'r diafol ei hun. Roedd hi wedi lladd un dyn diniwed; wel, roedd yn ddiniwed cyn belled ag y gwyddai hi – pa mor ddiniwed ydi unrhyw ddyn, meddyliodd – er mwyn cael yr arf i ladd dyn arall. Dyn oedd yn haeddu cael golau ei fywyd wedi'i ddiffodd, am byth. Ond wedyn roedd y llyfr wedi newid pethau ychydig. Mi fysa hi'n ddigon hawdd i'r heddlu ei chysylltu â Constantine, efallai. Yn rhy hawdd, efallai. Ond trwy droi Jasper Constantine yn un o ebyrth llofruddiwr gwallgof mi fyasa modd taflu'r cŵn oddi ar y trywydd. Diolch i Alun Cob. Diolch i *Sais*.

Penderfynodd ladd Constantine, penderfynu – nid breuddwydio, nid meddwl am ladd. Penderfynodd ladd y dyn tra roedd hi'n eistedd, ar ddiwrnod o wanwyn cynnes, ar ei phen ei hun tu allan i'r L'AOC *café* ar y Rue des Fossés Saint-Bernard ym Mharis. Roedd hi wedi bod yn gweithio yn y brifddinas ers dechrau'r flwyddyn ac yn bwriadu aros hyd ddiwedd yr haf er nad oedd hi'n mwynhau'r gwesty na'i gwaith hi yno chwaith. Gormod o wynebau salw a brathu gorchmynion. Un rheolwr yn clapio'i ddwylo wrth weiddi arni hyd yn oed. Mochyn bach anghwrtais. Ond, roedd y ddinas yn hudolus, serch hynny. Y L'AOC, lai na thafliad carreg o afon Seine, oedd ei hoff le i eistedd am ryw awr yn y prynhawn yn mwynhau'r awyrgylch. Roedd hi hyd yn oed wedi dechrau smocio ambell sigarét oherwydd bod pawb arall oedd wrth y byrddau tu allan wrthi. Nid yn gymaint dylanwad cymheiriaid ond yn hytrach: pan fyddwch yn Rhufain ... neu Baris yn yr achos yma.

Os am smocio yn rhywle – Paris. Mae'n gelfyddyd, yn grefft, ym Mharis. Merched gyda'u bysedd hir brown a'u hewinedd wedi'u trin yn chwifio'r mŵg o gwmpas eu hwynebau, y mygyn fel offeryn yn atalnodi'r sgwrs, fel baton, a'u straeon yn symffonïau. Yr iaith Ffrangeg yn rhy fyrlymus i'r ferch allu dilyn eu sgyrsiau'n llwyr, er ei bod yn gallu cyfathrebu'n eithaf da. Yn well bob dydd.

Nid oedd y traffig yn drwm ar y Rue des Fossés Saint-Bernard ac o'r herwydd roedd y ceir a oedd yn ei defnyddio'n gwibio i fyny ac i lawr y ffordd lydan yn gyflym. Roedd adeilad y L'AOC yn dechrau ar un gornel o'r Rue des Fossés Saint-Bernard ac yn troi wedyn i lawr y Rue des Chanties. Roedd yn well gan y ferch y byrddau distawach ar y Rue des Chanties ond roedd L'AOC yn brysur iawn heddiw ac felly roedd hi'n eistedd ar y gornel, wrth ddrws y tŷ bwyta, yn wynebu'r Rue des Fossés Saint-Bernard. Sylwodd ar gar, Fiat Punto bach du, yn dod i stop eithaf byrbwyll ryw dri bwrdd i fyny oddi wrthi, wedi hanner parcio ar yr arwydd cadair olwyn a beintiwyd mewn gwyn ar ymyl y ffordd. Roedd ffenest y teithiwr ar agor ac ymddangosodd map allan o'r gwagle. Rhywun ar goll, siŵr o fod. Mewn eiliad clywodd y ferch sgrech teiars ar y ffordd o'i blaen a rhywbeth mor aneglur â chwmwl yn gwmni iddo'n gwibio heibio. Erbyn iddi sylwi mai car oedd yno, roedd blaen y Mercedes arian wedi waldio i mewn i ymyl pen ôl y Fiat Punto gan ei yrru i mewn i gar arall a oedd wedi'i barcio o'i flaen yntau. Daeth mẁg gwyn allan o ffenest y

Fiat a sŵn sgrechian a chadeiriau'n gwichian wrth i bobl adael y byrddau cyfagos ar frys. Agorodd drws y Mercedes a phelen wen y bledren wynt o fewn y car yn gwasgu'r dyn mawr tew i gefn sêt y teithiwr. Daeth y ceir eraill ar y Rue des Fossés Saint-Bernard i stop a dechreuodd y bobl a oedd wedi bod wrth ymyl y ddamwain frysio heibio iddi. Nid oedd y ferch wedi symud modfedd. Roedd hi fel pe bai mewn breuddwyd. Gwasgodd y dyn tew y bledren wynt ac ymddangosodd ei wyneb drwy'r ffenest yn edrych ar y pafin ac yn tagu'n rymus.

Yna gwelodd y ferch Jasper Constantine. Nid oedd hi'n ei adnabod fel Jasper Constantine o ran enw ac roedd hi'n gwybod nad dyma wyneb go iawn y dyn tew yn y Merc. Wyneb dyn ifanc â llygaid gwallgof oedd ganddi yn ei meddwl, ac yn hytrach na thagu fel y dyn yn y Merc roedd ei wyneb yn gwenu'n ddieflig, ac yn chwerthin. Roedd hi'n gwybod pwy oedd o ac roedd hi'n gwybod ble roedd o. Ac roedd hi'n gwybod pryd roedd yr union eiliad iddi'i weld o ddiwethaf hefyd. Roedd yr wyneb yna wedi'i gloi am flynyddoedd mewn cawell drwchus o ddur yn ddwfn yn ei chof, ond dyma fo wedi codi i'r wyneb mwyaf sydyn.

Fe fysa'r bobl o gwmpas a edrychai ar wyneb gwelw'r ferch yn siŵr o feddwl ei bod wedi cael sioc anferth o weld y ddamwain. Ond rhywbeth llawer gwaeth oedd wedi'i dychryn. Y diawl drwg ei hun yn deffro.

Roedd hi eisoes wedi lladd dyn – Sammi Damanis, a gyda hyn, wrth eistedd yn llonydd yng nghanol y llanast ar y Rue des Fossés Saint-Bernard, addawodd iddi'i hun y bysa hi'n lladd un arall.

Pennod 14

1998

NID OEDD KATE AM EISTEDD yn y cefn. Os oedd Mam yn dreifio, roedd hi am eistedd yn y blaen gyda hi. Nid oedd ei thad am ddadlau gyda'i ferch wyth oed. Roedd ei ben bore Sadwrn yn ffrwtian fel sosban o uwd a'i lygaid yn nodwyddau poeth pan oedd yn mentro'u hagor. Iawn, iawn, ond dim miwsig, Blodyn, ocê?

Yn isal, Dad?

Edrychodd Elis yn annwyl arni, nid oedd yn gallu gwrthod dim iddi. Nodiodd gan ddynwared nobyn sain y radio gyda'i fys a'i fawd. Gwasgodd y sain dychmygol yn isel a nodiodd Kate Alaw Hopkins ei chydsyniad yn ôl ato.

Antur Ikea bore Sadwrn cynta gwyliau'r Pasg a Kate wedi bod yn edrych ymlaen ers wythnosau. Caeathro i Warrington, a hithau'n cael eistedd yn y blaen – hyd yn oed gwell. Gwyddai'n iawn fod ei thad wedi yfed gormod neithiwr, yn union fel y llynedd pan ddaeth dydd Gwener y Groglith rownd cornel y Pasg. Roedd hi wedi'i glywed yn rowlio adref tua hanner nos yn canu ac yn cael ei hishtio bob yn ail gan ei mam, a Kate yn hanner cysgu yn ei llofft uwchben y drws ffrynt. Gwenodd hi bore 'ma wrth gau ei gwregys amdani yn cofio'r ddau yn chwerthin wrth i'r goriad grafu'i ffordd i glo'r drws. Roedd hi wedi cysgu'n drwm wedyn, yn gwybod eu bod nhw adra'n saff.

Nid oedd Gloria, ei mam, wedi bod yn yfed. Dim ond wedi piciad allan oedd hi i nôl Elis o dafarn Bryn Gwna, hanner milltir o'u tyddyn bach gwledig. Ti'm yn ca'l cerdded adra ar hyd y ffordd fawr 'di meddwi, Els, *no way*! Dyna oedd ei mam wedi'i ddweud. Ddo' i i 'nôl chdi hanner nos.

Winciodd Gloria Hopkins ar ei merch wrth i'r bwcwl glicio i'w le. Barod i fynd? Nodiodd Kate arni a'r wên lydan ar ei hwyneb bach tlws yn datgelu'r gwagle rhwng ei dannedd blaen. Gwthiodd y sbectol a oedd o gymorth i'w llygad ddiog i fyny'i thrwyn. Nodiodd ei mam arni. Ffwr' â ni!

Dad?

Ia, Blodyn?

Pam ti'n yfed cymaint o gwrw os dio'n neud i chdi deimlo'n sâl?

Distawrwydd llethol a thwrw'r Subaru Impreza, hoff dwrw Elis yn y byd i gyd roedd Kate yn amau, yn rymblan drwy'r caban.

Trodd y Subaru allan i'r lôn a meddyliodd Kate eto pa mor sâl oedd ei thad yn teimlo os oedd o'n fodlon gadael i'w mam ddreifio'i hoff beth yn y byd i gyd.

Dad?

Kate Hopkins?

Pam dwi'n gor'od gwisgo *safety belt* pan dwi'n y cefn a ti ddim?

'Chos dio'm ots gan Dad os dio'n farw neu'n fyw ar y pwynt yma, Blods.

Roedd ei mam yn gyrru ar hyd y pant mawr yn y lôn, ac yn codi'r ochr draw, ar y ffordd i'r gylchfan wrth bentref Caeathro. Trodd Kate yn ei sêt eto ac edrych ar ei thad, un llaw wedi'i stwffio hanner ffordd o'r golwg ym mlaen ei drywsus a'r llaw arall dros ei lygaid.

Dad?

Ffrwydrodd y caban yn racs jibidêrs.

Chlywodd Kate ddim ond y tawelwch sydyn, a thwrw injan y Subaru ar goll.

Teimlai rywbeth yn ei gwasgu yn erbyn ei sêt a'r unig beth a welai oedd llwydni llachar.

Nid oedd y ferch fach yn gallu symud ac roedd hi'n ymwybodol fod y car yn nofio'n dawel ar y ffordd.

Clec swnllyd a daeth y Subaru coch i stop, yn dreisgar o gyflym, gan ddwyn y gwynt o'i hysgyfaint, ei chorff eiddil wedi'i wasgu fel marc llyfr yng nghanol Beibl trwchus.

Roedd hi wedi gweld rhywbeth arall, ar amrant eiliad cyn i'r bag awyr ffrwydro yn ei herbyn, ond cymerodd rai blynyddoedd iddi gofio beth yn union.

*

Nid oedd ganddi ddim byd i'w ddweud. Dyna pam roedd Kate yn fud. Claddwyd ei mam ym mynwent Llanbeblig ar y dydd Gwener wedi'r ddamwain. Roedd o'n fore gwlyb a chynnes, y glaw mân yn gwau patrymau fel casgliad o drudwennod ar yr awel ysgafn.

Syllodd Kate ar ei thad yn beichio crio'n dawel ar draws twll y bedd, ei ben wedi'i blygu ac yn syllu i mewn i'r düwch. Ei ysgwyddau'n ysgytian fel pe bai dwylo anweledig galar yn eu hysgwyd. Ei mam mewn bocs pren brown tywyll yn y twll. Rhoddodd Yncl Jim ei fraich o amgylch ysgwyddau ei frawd, gyferbyn â Kate, ar draws y gagendor du. Roedd braich Taid Dre am ei hysgwydd hithau a Nain Dre yn gafael yn ei llaw chwith. Cododd ei thad ei ben ac edrych i fyw llygaid ei unig blentyn am eiliad. Llai nag eiliad. Nid oedd Elis wedi gallu edrych arni, ddim yn iawn, ers iddo ddod adref o'r ysbyty ddydd Mercher. Edrychodd Kate ar ei wyneb tywyll, ei lygaid yn borffor ac yn sgleinio fel marblis. Un clais fel hances biws am ei wyneb. Gallai weld y boen yn ei lygaid yn yr amrantiad hwnnw. Poen a llid a thristwch. Ychydig o gasineb hefyd, pethau estron iddi eu gweld yn edrychiad ei thad cariadus. Pethau dychrynllyd a hunllefus. Daeth taw ar lais y gweinidog, er nad oedd Kate wedi deall gair a'i lais yn gwneud hyd yn oed llai o synnwyr iddi na sŵn y môr.

*

Nid oedd ganddi ddim yr oedd am ei ddweud. Dyna paham ei bod hi'n fud. *Post-traumatic stress* cynigiodd y seiciatrydd plant fel diagnosis, fel pe na bai Kate yn yr ystafell. *Anxiety disorder* digon cyffredin mewn amgylchiadau tebyg. Ac am ei bod hi'n siarad pan fyddai hi'n chwarae gyda'i doliau, *selective mutism* oedd arni; geiriau Saesneg mawr yng nghanol Cymraeg y seiciatrydd mewn acen grand. Roedd Kate yn gallu gweld nad oedd Nain a Taid yn deall, ond roeddynt wedi nodio'n araf arno beth bynnag.

Nid oedd Kate wedi gweld ei thad ers y cynhebrwng, wythnosau ynghynt. Nid oedd Nain a Taid, rhieni'i mam, yn sôn dim amdano chwaith –

ddim yn ei chwmni hi, beth bynnag. Ond roedd Kate yn un fach dawel o gwmpas y lle ac weithiau roedd hi'n dal diwedd sgyrsiau, ar y ffôn ac yn y blaen. Fel Taid yn dweud wrth Yncl Jim ryw ddiwrnod: dwi'n gwbod, Jim, fydd raid i dy frawd hitio *rock bottom* cyn dod yn ôl i fyny. Roedd Kate wedi meddwl am y geiriau yna am ddiwrnodau cyn penderfynu nad newyddion da oedd hyn.

Un noson cafodd ei deffro o drwmgwsg gan dwrw ffraeo i lawr grisiau. Eisteddodd i fyny yn ei gwely yn gwrando ar y lleisiau'n diasbedain drwy'r tŷ. Yna distawrwydd, ac yna lleisiau'n murmur, yn swnio'n arafach. Y dadlau ar ben, efallai? Yna sŵn traed ar y grisiau a golau ar y landin yn llafn gwyn wrth ei drws cilagored. Gorweddodd Kate yn is yn ei gwely a smalio cysgu. Synhwyrodd y stafell yn goleuo trwy'i llygaid caeedig wrth i'r drws agor a theimlo rhywun neu rywbeth yn eistedd ar ymyl ei gwely. Daeth oglau alcohol i'w ffroenau a chrychodd ei thrwyn ac agor ei llygaid yn araf. Roedd hi'n gwybod mai ei thad oedd yno ond pan welodd hi'r sypyn corff wrth ei hochr nid oedd hi mor sicr wedyn. Roedd ei wallt yn un cudyn blêr uwch wyneb sgerbwd, ei esgyrn yn onglau miniog ac yn gysgodion dyfnion.

Haia, Blodyn, sibrydodd, a dagrau'n disgyn o byllau duon i lawr ei fochau gwelw. Paid â styrbio, dwi'n gor'od mynd rŵan, Blods. 'Mond rhoi hon i chdi.

Rhoddodd fodrwy aur yn ei dwylo a'i gwasgu nhw'n ynghau yn dynn o amgylch y trysor. Cusanodd ei ferch ar ei thalcen a chaeodd Kate ei llygaid, ddim am edrych ar ei thad rhagor. Cerddodd yntau'n dawel allan o'r stafell ac allan o'i bywyd am hanner degawd.

Erbyn iddi gychwyn yn yr ysgol uwchradd roedd Kate yn siarad unwaith eto. Neu o leiaf yn sibrwd. Nid oedd ffrindiau ganddi yn yr ysgol, ond nid oedd gelynion ganddi chwaith. Roedd hi fel ysbryd ar hyd y coridorau wrth fynd o un wers i'r llall ac yn gwbl anweledig i'r plant eraill yn ei sedd ym mlaen y dosbarth. Treuliai amser cinio yn ei chwmni'i hun yn darllen llyfr. Roedd hi'n ferch fach swil a phlaen, a blaser ei gwisg ysgol fel amdo ar ei hysgwyddau eiddil.

Ar ôl dychwelyd i'w chartref yn nhŷ ei nain a'i thaid byddai'n eistedd yn ei chadair freichiau, ei chefn at y teledu yn darllen ac yn gwneud ei gorau i anwybyddu'r rhaglenni a thrydar di-baid ei nain. Roedd ei thaid yn ddyn tawel hefyd. Weithiau, edrychai Kate tuag ato pan fyddai Nain yn gwneud rhyw sylw eithafol neu'n dweud rhywbeth hurt bost a byddai'i thaid yn wincio arni. Dwi'n gwbod, mechan i, dwi'n gwbod.

Bu farw'i thaid yn ei wely ar noson boeth o haf a'i nain yn anarferol yn agor drws ei stafell wely heb gnocio, ei hwyneb fel penddelw porslen. Gorweddodd, yn ei choban las golau, wrth ochr ei hwyres. Y gwely sengl yn siglo'n ysgafn wrth iddi wylo'n dawel i mewn i wallt hir, brown tywyll Kate. Rhoddodd fwythau i'w nain, yn gwybod yn iawn bod ei thaid wedi mynd. Roedd hi'n dair ar ddeg oed ac yn adnabod galar yn rhy dda.

Gwyddai hefyd mai Alzheimer's oedd yn ffwndro'i nain, ymhell cyn i'r doctoriaid gadarnhau'r salwch. Llwyddodd i'w chadw rhag mynd i weld Doctor Phelps am rai misoedd ond rhoddodd y gegin ar dân un diwrnod pan oedd Kate yn yr ysgol, ac aeth Glenda Walsh drws nesa â hi i'r feddygfa.

Arhosodd Yncl Jim gyda Kate am rai diwrnodau ond roedd ei waith o'n galw 'nôl yn Sheffield a doedd ganddo mo'r gallu – neu'r awydd, efallai – i gynnig lloches i'w nith.

Aeth Nain Dre i gartref, aeth Yncl Jim adref a dyma nhw'n gosod Kate gyda rhieni maeth. Roedd y bws ysgol yn mynd heibio i dŷ cyngor ei nain a'i thaid, ac o fewn wythnos roedd teulu newydd yn byw yno a merch o ddosbarth Kate yn cysgu yn ei hystafell wely hi.

Un diwrnod, bron i flwyddyn yn ddiweddarach, wrth iddi ddod oddi ar y bws ysgol, safai ei thad wrth adwy'r tŷ yn pwyso yn erbyn car. Roedd hi wedi'i adnabod yn syth ond roedd Elis Hopkins, yn dri deg pump, bellach yn edrych yn ganol oed. Cerddodd hi heibio iddo ac i mewn i'r tŷ. Fe gymerodd hi awr i Stephen, ei thad maeth, ddwyn perswâd arni i weld ei thad.

Dwi 'di bod yn sâl, Blodyn.

Paid â galw fi'n hynna.

Kate. Kate, dwi'n sori, 'nghariad i.

Paid â galw fi'n hynna, chwaith.

Roeddwn i 'di dechra yfad gormod. Wedyn y drygs. Drygs – ti'n coelio'r peth? Wedyn jêl. Ddim am hir. Dim ond oherwydd yr heroin. Ond dwi'n well rŵan. Dwi'n lân. Dwi'n iawn eto. Dwi'n gallu gwatshiad ar dy ôl di, eto. Dwi'n byw hefo Jim, ti'n cofio dy Yncl Jim? Yn Lloegr. Yn Sheffield. Dreifio tacsis. Mae o'n gychwyn, tydi? Cychwyn o'r cychwyn.

Dwi'n byw yn fama. Mynd i ysgol Dre.

Mae 'na ysgolion yn Sheffield, Blo … Kate. Rhai da, rhai gwell.

A 'dan nhw'n siarad Cymraeg yn y Sheffield 'ma, ydan?

Dwi'n siarad Cymraeg, a mae dy Yncl Jim yn siarad Cymraeg.

*

Cymerodd hi lai na blwyddyn i Elis Hopkins ailddechrau yfed. Roedd bywyd gyda'r ddau frawd mewn tŷ teras yn ardal Darnall yn nwyrain y ddinas yn anhrefnus ac yn unig. Treuliai Kate ei holl amser hamdden yn ei stafell wely gyda'i llyfrau a'r radio yn gwmni iddi. Pan fyddai hi'n mentro allan i wneud rhywbeth i fwyta iddi'i hun roedd y brodyr, fwy neu lai'n ei hanwybyddu. Wel, a bod yn fwy cywir, roedd y brodyr yn anwybyddu'i gilydd a phopeth arall hefyd. Eisteddai'r ddau yn yr unig ystafell fyw ymysg anialwch y caniau Stella a'r mwg sigaréts: Elis yn gwylio'r teledu ac Yncl Jim â'i liniadur yn adlewyrchu fel gwely haul ar ei wyneb. Pocer ar-lein. Un tro, dyma Kate yn peidio â glanhau'r gegin ar eu holau. Parhaodd hyn am wythnos cyn iddi sylweddoli nad oedd unrhyw fwriad gan y naill na'r llall o godi bys bawd i glirio'r llanast. Hi oedd yn rhoi'r sbwriel allan. Hi oedd yn llnau'r bathrwm. Hi oedd yn codi gynta yn y bore i ddal y bws i'r ysgol.

Yna, collodd Elis ei swydd wedi i'r bòs ogleuo'r alcohol arno ar gychwyn shifft. Diflannodd ei thad ar bendar am bron i wythnos. Roedd Yncl Jim yn gandryll. Nid ei gyfrifoldeb o oedd Kate. A beth am y rhent? Oedd o i fod i dalu am ei bwyd hi? Am 'i chadw hi? Beth oedd o'n 'i wybod am watshiad ar ôl merch bymtheg mlwydd oed?

Erbyn i Elis ailymddangos roedd Jim wedi pacio'i Vauxhall gyda hanner cynnwys y tŷ ac wedi gadael. Nodyn byr oedd y gair olaf gafodd Kate gan ei hewyrth, a'r diawl wedi'i gadael pan oedd hi yn yr ysgol.

Mynd i Llundan.
Here's £200, Kate
Good luck.
Uncle Jim

Roedd ei thad yn ôl ar y cyffuriau. Roedd o'n gwadu'r ffaith, wrth gwrs. Ond roedd y peth mor amlwg ag oglau'r môr ar bysgotwr. Y peth cynta ofynnodd o iddi oedd a oedd Yncl Jim wedi gadael unrhyw arian iddi?

Na.

Yr ail gwestiwn oedd a oedd ganddi unrhyw bres? Rwbath wedi'i safio, efallai?

Na, dim byd. Ma'r *fridge* yn wag, sgin ti bres i siopa?

Roedd Elis wedi ochneidio wrth syllu i mewn i'w llygaid hi. Roedd hi'n gwybod ei fod o'n mwy nag amau ei bod hi'n dweud celwydd, ond roedd hi wedi dal i gadw'i llaw allan yn ddisgwylgar. Beth am fodrwy dy fam? Ydi honna gin ti? Syllodd Kate arno heb ei ateb. Trodd Elis ar ei sawdl a thynnu plwg y teledu allan o'r wal. Cerddodd heibio'i ferch yn cydio yn yr hen deledu lliw.

O! *Cliché*, Dad. *Bloody massive cliché*! gwaeddodd wrth ei ddilyn allan o'r tŷ. Diflannodd Elis Hopkins a waldiodd Kate y drws ynghau ar ei ôl. Dyna'r tro olaf iddi weld ei thad. Nid oedd neb arall ar ôl. Pymtheg mlwydd oed ac ar ei phen ei hun yn y byd.

Pennod 15

PAN OEDD YN DDYN IFANC, ar y penwythnos ar ôl gwaith, doedd dim byd yn well gan Alun na mynd am beint hefo'r hogia. Ar ôl gêm pump-bob-ochr fel arfer. Weithiau byddai'n ca'l rhyw un neu ddau cyn y gêm hefyd. Criw o hogia allan ar y *piss*, chwerthin a meddwi. Cwffio weithia, chwilio am genod weithia. Doedd o ddim yn anarferol iddo fynd i gysgu prin yn cofio pwy oedd o, heb sôn am beth oedd wedi digwydd y noson honno. Deffro fore Sadwrn wedyn, ddim wastad yn ei wely ei hun, a gwarchod ei benmaen-mawr fel babi anniddig nes byddai'n tawelu eto tua chanol y pnawn. Wedyn 'nôl at ei ffrindia tafarn tan amser cau. Wythnos ar ôl wythnos, flwyddyn ar ôl blwyddyn, nes ei fod o wedi cael llond bol ar eu cwmni nhw, a nhwythau arno fynta hefyd, siŵr o fod.

Stopio yfed cwrw wedyn, rhoi taw ar y pêl-droed. Dechrau cerdded mynyddoedd ac yfed gwin. Dechrau cymryd sylw, am y tro cynta, o'r *caller ID* ar ei ffôn. Anwybyddu galwadau'i ffrindia tafarn. Blino ar y *takeaways* a'r prydau popty-ping. Dysgu'i hun sut i goginio, gyda help Jamie a Nigella ac ambell un arall. Symud allan o'i stafell yn y tŷ rhent roedd o'n ei rannu. Dechrau talu morgais ar fflat newydd fechan dros y gamlas doc sych yn y Felinheli. Cyfarfod merch, Awen Rhiannon Edwards, a dechrau canlyn o ddifri.

Beth oedd yr adnod 'na o'r Beibl hefyd, o'i ddyddia ysgol Sul? Roedd o'n hoff iawn o'r frawddeg ar y pryd ond nid oedd syniad ganddo beth oedd ei hystyr pan oedd yn wyth, naw mlwydd oed:

> Pan oeddwn fachgen, fel bachgen y llefarwn, fel bachgen y deallwn, fel bachgen y meddyliwn: ond pan euthum yn ŵr, mi a rois heibio bethau bachgennaidd.

Nid oedd yn ddyn crefyddol o gwbl – i'r gwrth-wyneb, ond tybiai fod ambell wirionedd yn y llyfr mawr, heb os. Yn ddiweddarach, roedd o wedi darllen ymhelaethiad C. S. Lewis ar yr adnod, yn Saesneg wrth gwrs, a'r bardd yn ychwanegu: 'When I became a man I put away childish things, including the fear of childishness and the desire to be very grown up.' Roedd hyn yn atseinio'n gywirach gydag ef wedi iddo'i ddarllen. Nid oedd o wedi tyfu i fyny wedi'r cyfan. Yn hytrach am gadw gafael ar ryddid plentyn yr oedd Alun. Am ddianc o afael byd yr oedolyn. Am osgoi ymuno yn y broses. Job … cariad … ffrindiau … morgais … dyrchafiad yn y gwaith … priodi … prynu tŷ … plentyn … prynu tŷ mwy … dyrchafiad arall … Disneyland … mwy o blant efallai … symud tŷ eto … ayyb … ayyb … ayyb … Doedd o ddim am gael unrhyw un o'r pethau yna. Meddyliai am ei ieuenctid fel pe bai'n hobo oedd yn rhedeg ochr yn ochr â'r cledrau ac yn ceisio magu'r dewrder i hyrddio'i hun ar y trên cyn iddo daranu heibio iddo. Trên yr oedolion. Wrth iddo neidio i'r cerbyd dyma fo'n sylweddoli, yn rhy hwyr, fod y trên yn mynd y ffordd anghywir. Roedd hi'n cymryd ymdrech arwrol wedyn i neidio oddi ar y trên, a hwnnw'n codi stêm ac yn hedfan mynd i'r cyfeiriad anghywir.

Ond dyna wnaeth o, newid popeth. Os am fyw yn rhydd o gonfensiynau cymdeithasol, roedd raid bod yn hunanol. Nid oedd arian nac eiddo yn bwysig iddo. Nid oedd yn teimlo'r awydd i adael ei farc, boed wrth greu teulu neu drwy weithio. Yn hytrach, rywsut, roedd Alun am ddal y trên arall a theithio ar hyd ei gledrau, ei draed i fyny, yr holl ffordd i'r pen draw. Waeth ble na phryd fysa hynny.

Rhyddid y cledrau, fel rhyw hobo Americanaidd. Rhywbeth felly, beth bynnag.

Felly gwerthodd ei fflat yn y Felinheli a phrynu siop ddi-raen gyda'r arian a'i gynilion. Nid oedd yn byw yn y fflat mwyach ond yn hytrach roedd wedi symud i mewn gyda'i gariad, Awen, i lawr y lôn yng Nghaernarfon. Rhan o'i bortffolio oedd y fflat i fod erbyn hyn, rhan o'i ddyfodol, felly hefyd ei gynilion.

O, wel.

Gadawodd ei swydd ac yn sgil hynny gadawodd Awen Rhiannon, yn ysgwyd ei phen yn anghrediniol.

O, wel.

Agorodd siop yn gwerthu recordiau a threuliodd flwyddyn yn adnewyddu'r adeilad uwchben, gan droi'r ddau lawr yn dair fflat, 1A a 1B; cymerodd Alun Fflat 2 ar y llawr uchaf. Rhentiodd y ddwy fflat arall allan gan ddewis ei denantiaid yn ofalus: y mecanic Dave Abensur a'r swyddog gwella rhywbeth-neu'i-gilydd yn y Cyngor Sir, Gwenllian Lloyd. Roeddynt wedi bod i'r ysgol gyda'i gilydd ond dieithriaid oeddent yn y bôn. Daethant yn ffrindiau da; yn wir, yn ffrindiau gorau erioed.

Petai o'n bod yn hynod ofalus gyda'i arian, dyfalodd y bysa fo'n gallu byw am ddwy flynedd ar elw bychan y siop, cynilion, a'r pres rhent yn talu'r morgais. Roedd o wastad yn meddwl am straeon, a rŵan roedd ganddo ddwy flynedd i geisio sgwennu rhywbeth fysa'n talu 'i ffordd.

Ymhen blwyddyn roedd yn barod i yrru'i lyfr cynta allan i gael ymateb proffesiynol. Synnodd pan gafodd frathiad ar y cynnig gyntaf a Gwasg Gomer yn awyddus i gyhoeddi *Pentref Poeth*, ei nofel gyntaf gyda'r cymeriad o'r enw Dafydd Felix. Erbyn i'r llyfr ymddangos chwe mis yn ddiweddarach roedd *Pwll Ynfyd* – ei deitl erbyn hyn – wedi cael triniaeth tebyg i linyn trôns o ddyn yn graddio o'r SAS. Roedd y misoedd o waith wedi rhoi graen ar ei eiriau ac wedi rhoi enw newydd i'w brif gymeriad – Oswyn Felix. Yn ddiarwybod i Alun, roedd rhywun yn Gomer wedi cofio bod 'na ryw seren roc Gymraeg o'r wythdegau o'r enw Dafydd Felix.

Cyfweliadau radio a theledu wedyn a'r papurau Cymraeg yn rhoi canmoliaeth i'r stori dreisgar, llawn gwaed, rhegi a rhyw. Sgwennodd un arall, *Tarw Pres*, ac er ei fod yn gwybod ei bod hi'n dipyn gwell cyfrol na'r gynta, cafodd dipyn llai o sylw yn y wasg. Yn amlwg roedd awdur newydd, wyneb newydd, yn newyddion MAWR; tydi ail lyfr awdur wedyn ddim yn cael yr un sylw. Deallodd Alun mai dyna natur y bwystfil: y diwylliant gorllewinol, wastad yn chwilio am y *next big thing*, ac os nad ti yw'r *next big thing* yna ti mewn peryg o fod yn ddim byd o gwbl. Beth bynnag, roedd stori'r Oswyn Felix 'ma yn drioleg, felly cymerodd flwyddyn arall i sgwennu diweddglo i'r gyfres. Ymddangosodd *Gwyllgi* ar ddiwedd 2013, yn barod am yr ail farchnad fwyaf i werthiant llyfrau Cymraeg, sef y Nadolig. Yr Eisteddfod oedd penbrenin diwydiant y diwylliant Cymraeg. Er ymdrechion gorau Gomer i'w hyrwyddo, diflannodd y llyfr o sylw'r cyhoedd fel bws yn gwibio heibio stop llawn pobl. Teimlai'r awdur ei bod hi'n well cyfrol na'r ddwy gyntaf eto – mwy o gyffro, mwy o antur, wedi'i sgwennu'n well. Ni chafodd ei hadolygu yn y papurau. Ni chafodd Alun wahoddiadau gan y cyfryngau i siarad am ei gyfrol. Dim yw dim.

Un peth o'i blaid oedd fod Gomer yn hapus gyda'r llyfrau, ac Elinor Wyn Reynolds, ei olygydd, yn benodol yn gefnogol iawn. Ac oherwydd iddo fod yn brydlon yn cyflwyno'r cyfrolau blaenorol erbyn dedlein y wasg a'r ffaith ei fod yn llais anarferol a newydd yn llenyddiaeth Cymru, roeddynt yn fodlon rhoi cefnogaeth iddo gael comisiwn arall. Wel, dyna roedd Elinor wedi'i ddweud wrtho beth bynnag. Er hyn, cafodd y teimlad bod yn rhaid bachu cynulleidfa y tro yma, neu efallai y byddai'n rhaid iddo ddarganfod ffyrdd eraill o ennill ei fara beunyddiol. Ond roedd o'n mwynhau'r rhyddid roedd sgwennu yn ei gynnig iddo. Cychwyn pryd y mynnai, gweithio oriau mor hir neu cyn fyrred ag yr oedd ei awydd a'i awen yn caniatáu. Ac roedd rhywbeth yn ddiollwng am y grefft o ysgrifennu. Fel bod yn gaeth i gyffur. Edrychai ar y byd yn wahanol; byddai'n chwilio am eiriau, yn llywio brawddegau yn ei ben o fore gwyn tan nos. Ond roedd rhaid bod yn feiddgar y tro hwn. Efallai mai'r llyfr nesaf fysa'i gyfle olaf i ennill cynulleidfa. Roedd yn rhaid iddo ddenu sylw'r cyfryngau, dyna'r goriad. Rhywbeth syfrdanol.

Cofiodd freuddwyd a gawsai sawl blwyddyn yn ôl; roedd ganddo'r arfer o sgwennu'i weledigaethau cwsg i lawr ar bad papur wrth ei wely yn syth ar ôl iddo ddeffro. Erbyn y bore, prin roedd o'n cofio deffro yn y nos ac yn aml rhyw frawddeg o nonsens fyddai'n ei wynebu ar y pad os digwyddai iddo ddal ei lygad ar y bore trannoeth. Ond roedd ambell ddisgrifiad yn aros yn ei gof. Aeth i chwilio am y freuddwyd benodol hon ar yr hen bad papur ymysg yr hanner dwsin o rai eraill mewn cwpwrdd dan y teledu ar waelod ei wely.

Dyma fo. Un gair, ac yna brawddeg fer oddi tano:

Sais
Dyn gwyllt yn lladd Saeson a fi'n ca'l y bai!

*

Dyna'r geiriau a oedd yn canu drwy'i feddwl fel nodyn mewn cloch. *Dyn gwyllt yn lladd Saeson a fi'n ca'l y bai! Dyn gwyllt yn lladd Saeson a fi'n ca'l y bai! Dyn gwyllt yn lladd Saeson a fi'n ca'l y bai!* Rhythm y geiriau'n ei godi o'i drwmgwsg ac yn newid eu siâp hyd nes i'w hystyr ddiflannu a chael eu ffeirio â thwrw digamsyniol ambiwlans. Agorodd Alun ei lygaid, yr ymdrech yn llai nag yr oedd wedi'i dybio. Cofiodd am yr haid newyddiadurwyr yn ei ddilyn i'r orsaf. Cofiodd i rywbeth ei daro ar ei ben. Gwelodd lwmp o rywbeth ar dop ei drwyn, ei lygaid yn groes. Ar ôl ailffocysu, sylwodd mai masg ocsigen oedd yn cuddio'i drwyn. Nid oedd yn gwisgo'i sbectol, felly roedd hi'n amhosib iddo weld beth na phwy oedd gydag ef yng nghefn yr ambiwlans.

'You're okay, lovey. Just lie still,' meddai rhyw lais meddal wrtho a llaw yn gwasgu'n ysgafn ar ei ddwy law oedd yn gorwedd un ar ben y llall ar ei fol.

'Sbectol,' meddai Alun gan feddwl yn sicr mai dyma'r enw Saesneg arnynt. Roedd awyr lân yn llenwi'i ysgyfaint, a'r masg oedd dros ei geg yn hisian yn isel.

'Sbec what, love?'

'Sbectators,' medda fo wedyn, yn teimlo 'bach yn chwil ac yn gwasgu cloriau'i lygaid at ei gilydd. Roedd yn gallu gweld mai rhywun croenddu yn gwisgo gwyrdd tywyll oedd yn gafael yn ei law yng nghaban llachar yr ambiwlans.

'Spectators?' Llais dwfn, ond llais merch efallai?

Tynnodd un o'i ddwylo'n rhydd a phontio'i fysedd o amgylch ei lygad chwith. 'Sbecs,' medda fo eto. 'Round things with glasses. Glasses!'

'They're safe, love. Got them here in my pocket. They won't fit over your bandage. You shouldn't feel anything, I've given something for the pain. '

Bandage? meddyliodd Alun a chodi ei law at ei wyneb i archwilio'r difrod. Cyffyrddodd yn rhywbeth oedd yn teimlo fel clustog anferth ynghlwm wrth ochr ei ben. Roedd yn gallu teimlo'i waed yn dychlamu oddi tano. Nid oedd mewn unrhyw boen.

'*Wharappen*?' gofynnodd yn simsan.

'You've had a bit of an accident. We're going to the hospital to get you sorted. We're just going over Waterloo Bridge now, just lie back and enjoy the ride. Try not to move, we'll be there in a mo.'

'Where?' gofynnodd Alun, wedi'i ddrysu gan y sôn am bontydd.

'St Thommaassss', dechreuodd ei llais slofi fel tâp sain yn cael ei ymestyn a daeth düwch i gau ymylon ei lygaid, y llwydni'n binnau meddal yng nghanol ei olwg niwlog. ''S'not far, Mister Cob, nearly there.'

'My real name is Jones,' meddai, a'r geiriau'n gaeth i'r masg.

'Sorry, love. Saw you on the telly last night. Gave as good as you got, I thought. You're spot-on about the English, but they'll never see it.'

'You sound pretty English to me,' meddai Alun yn ddiymatal. Teimlodd don rhyw gyffur yn nofio'n gynhesol drwy'i gorff.

Pwysodd y ddynes yn nes at ei wyneb, ei hwyneb croenddu, llyfn a'i hesgyrn bochau Somalaidd uchel yn amlwg ac mewn ffocws o'r diwedd. 'But you didn't mean me, did you?' gwyrodd yn ôl eto a chwerthin yn ysgafn. 'I'm about as English as Mo Farah.'

Pennod 16

2007

DRAENOGES MEWN NYTH GLYD yn cysidro'r gaeaf oer tu allan yn gysglyd. Dyna beth oedd Kate, wedi'i gwasgu'n belen fach ar y fatres noeth.

Draenoges, a'i chefn pigog yn ei gwarchod rhag unrhyw greaduriaid annymunol.

Roedd hi'n gallu clywed y mochyn daear o gwmpas ei nyth yn rhywle, ond roedd hi'n saff yn ei phelen bigog. Buasai'r mochyn daear wrth ei fodd yn swpera ar y ddraenoges, ond roedd hi'n cadw'n dawel, dawel yn ei nyth.

'Kat, look what I bought you, you lucky little bitch.'

Roedd y ddraenoges yn cael ei siglo, ei chorff yn rhowlio drosodd yn ei nyth. Roedd y mochyn daear wedi dod o hyd iddi.

'Wake up, ya layyyzzy cow. Don't worry, buddy, she'll be fine in a tick. Once she's had a toke.'

Gwthiodd y mochyn daear ei bawennau i lygaid caeedig y ddraenoges a gwichiodd hithau; doedd hi ddim am weld ei gelyn wrth ei waith. Teimlodd rywbeth caled ar ochr ei phen a dychwelodd Kate i'r byd go iawn. Modrwy Sammi fel morthwyl ar ei phenglog wrth iddo'i tharo'n galed â'i law agored.

'Shut your fucking bitch-mouth,' gwichiodd Samuel Damanis yn fygythiol yn ei chlust. Cododd oddi ar ei gwrcwd ar y fatres gan gydio yng ngwallt byr Kate. 'Look, buddy, she's a real looker. Do whatever you like with her but don't touch her face. Understand?' Edrychodd ar Kate yn gwingo, ei thraed prin yn cyffwrdd y llawr. 'He's one of your lot, Kat. He's Welsh; you should be thankin' me.'

Edrychodd Kate am y tro cynta ar y dyn wrth ddrws agored y stafell fechan. Dyn cyffredin yr olwg: braidd yn dew, ychydig yn fyr. Ei wallt golau tenau wedi'i gribo yn daclus uwchben fframiau aur ei sbectol. Gwisgai siaced ysgafn dros grys *gingham* a *chinos* brown golau.

'She looks older than you promised,' meddai'r dyn mewn llais undonog, digymeriad, diflas.

'Looks older than she is, mate. Say hi to the nice man Kat,' mynnodd Damanis gan ysgwyd ei phen fel pen dol.

'Sam, I can't …' dechreuodd Kate ond roedd Damanis wedi synhwyro'i hanufudd-dod ac wedi'i gwthio 'nôl i orwedd ar orchudd plastig y fatres newydd.

'And I'm not actually Welsh,' meddai'r dyn wrth y drws. 'I just said I live there.'

Camodd Damanis ymlaen tuag at y cwsmer, gan guddio Kate oddi wrtho. 'Yeah, whatever. Step outside for a mo, mate. She's like this, sometimes, first thing.'

Edrychodd Kate ar y rhifau gloyw coch ar wyneb y cloc-radio rhad ar y llawr styllod llychlyd. 17:47. Roedd dros awr wedi mynd heibio ers iddi gymryd y bilsen gan Sammi. Rhwbath i neud iddi deimlo'n braf, medda fo. *This'll make you feel like Rihanna on the fuckin' beach.* Dyna roedd o wedi'i ddweud, ac roedd hi wedi'i goelio. Dyna pa mor isel roedd hi wedi suddo. Dyna pa mor dwp oedd Sammi yn ei gwneud hi. Am y tro cyntaf ers misoedd, meddyliodd am Elis, ei thad. Ei salwch, ei wendid am gyffuriau. Dyn gwan wedi'i drechu gan fywyd, wedi'i ddinistrio gan amgylchiadau. Un digwyddiad … *like Rihanna on the fuckin' beach.*

Doedd hi ddim – 'fel hyn, weithia, peth cynta'. Peth cynta? Mae hi'n chwarter i chwech. Sylweddolodd beth roedd Sammi yn ceisio'i gyfleu gyda'r geiriau. Roedd o'n ceisio creu'r argraff ei bod hi'n butain, ac yn jynci. Gydag arferion a nodweddion slebogaidd sy'n gysylltiedig â'r merched hynny. Roedd Jen wedi ceisio'i rhybuddio hi. Dweud eu bod nhw'n gallu troi – cleciodd ei bawd – fel 'na. Be arall oedd hi wedi'i ddweud hefyd? *Paki boyfriends can be the worst, not sayin' yours is, darlins. Just sayin', you could be gone for weeks. Seen it 'appen. Girlfriends never the same, ya knows?*

Nid Jen oedd y gyllell fwyaf miniog yn y drôr ond roedd hi'n gallach na hi. Dallt y stryd. Dallt y rheolau … *you could be gone for weeks.* Wythnosau!

Caeodd Sammi'r drws, â'r dyn cyffredin, di-ddim allan ar y coridor. Rhwbiodd ffroenau'i drwyn hir a pherffaith â'i fys a bawd a chymryd tri cham sydyn tuag ati. Disgynnodd ar un ben-glin a chydiodd yn dynn yn ei breichiau. Gwasgodd ei breichiau nes peri iddi glapio'i dwylo'n annisgwyl.

Syllodd Damanis i'w llygaid. 'Listen, Kat, you've got to do this guy. He's gonna pay for those shoes you like.'

Siaradai'n bwyllog, ei lais yn ysgafn ac yn annwyl. Fel Sammi. Ond fo oedd wedi chwenychu'r sgidia, nid hi. *They'd look a million on your cute dogs, babe.*

'Do ya hear me, babes? Just do this one, yeah? For me?'

Just do this one, yeah? medda fo, y geiriau'n llifo fel mêl o'i botyn. Ca'l rhyw efo dyn diarth? Gadal iddo fo'i thwtshiad hi? 'I phawennu hi? Sammi, yr unig ddyn roedd hi erioed wedi'i adal i mewn iddi. Be ti'n ofyn, Sammi? Be ti'n ofyn?

Paki boyfriends can be the worst. Hiliaeth dwp Jen, dyna roedd Kate wedi'i feddwl ar y pryd. Neu genfigen efallai, oherwydd bod Sammi mor hardd. Mor hael. Mor berffaith.

'You don't have to suck his cock, if you don't want to. I'll tell 'im. No way you'll suck his dick. How 'bout that?' Rhwbiodd ei gwallt, fel pe bai'n rhoi mwythau i gi. Roedd dagrau'n disgyn yn boeth i lawr ei bochau wrth i'w chalon dorri'n ddarnau mân.

Meddyliodd Kate am ei thad, Elis. Meddyliodd amdano yn ei arch dywyll. Meddyliodd amdano, ei gelloedd yn cael eu chwalu gan natur. Doedd gan Elis ddim defnydd iddynt bellach. Wedi cael benthyg y celloedd oedd o, beth bynnag, ac yn awr roedd o'n gorfod eu dychwelyd. Tydan ni i gyd, ryw dro? Yn y pen draw.

Hyrddodd Kate ei thalcen ymlaen â'i holl nerth, a phwnio i mewn i drwyn perffaith Samuel Damanis. Ffrwydrodd ei ffroenau'n llif coch ar hyd ei grys gwyn. Disgynnodd yn ôl ar ei din ar y llawr, ei ddwylo ar ei fochau ac yn brefu fel buwch. Cododd Kate a sathru ar geilliau Damanis, gyda'r nod o yrru'i Nikes drwy'r llawr pren. Trodd ei udo'n ielpian uchel ar ôl iddo ollwng ei ddwylo i chwilio am ei beli briw. Gwthiodd Damanis i orwedd ar ei ochr a gwelodd Kate ddau chwydd ym mhocedi cefn ei jîns. Rhoddodd ei llaw yn y boced chwith ac estyn Mister Ben, ei gyllell sbring. Stwffiodd ei llaw yn frysiog i'w boced ôl dde ac estyn ei waled drwchus. Rhwygodd ddyrnaiad o bapur arian o'u cartref cyn gadael i'r waled ddisgyn yn llipa wrth ben-ôl Damanis, oedd yn dal i riddfan ar lawr. Stwffiodd Kate yr hanner canpunt yn frysiog i flaen ei thrywsus byr tyn a choch. Beth oedd Sammi wedi'i ddweud wrthi hefyd, wrth gyflwyno Mister Ben iddi am y tro cyntaf? *This is my friend, Kat; Mister Ben.* Ac roedd o wedi chwifio'r carn cain o arian, eboni a nacr â diemwnt hyfryd ar ei waelod o dan ei thrwyn. *Do you know why I call 'im that, Kat?* Roedd hi wedi gwenu'n swil arno yn sêt flaen yr Audi gwyn. Gwasgodd fotwm ar ymyl y carn ac, mewn amrant, ymddangosodd llafn hir, miniog y gyllell. *'Cos he appears out of nowhere. See? He was made in Italy. Top, top maker. So I should call 'im Mister Benito really, shouldn't I?* Ac roedd Kate wedi ymuno ag ef i chwerthin ar ei jôc, er nad oedd hi'n ei deall. *Goes everywhere with me. Never knows when he might be needed in this city, babes. Always in me back pocket. Old Mister Ben.*

Rŵan roedd y gyllell yn ei llaw hi. Yn gadarn ac yn gytbwys yn ei chledr.

'Whaa' duhy huck yuhh uunk yuhh duuin'?'

brefodd Damanis gan rowlio ar ei gefn a chicio allan tuag ati ag esgid ei droed dde.

Neidiodd Kate yn osgeiddig gan osgoi'r gic a glanio ar ffêr Damanis. Cliciodd fotwm y gyllell, agorodd y llafn. Cydiodd yn y carn yn dynn â'i dwy law, a disgynnodd Kate fel coeden wedi'i llorio yn drwm ar ben Damanis. Glaniodd ei phen i glepian afal breuant ei gorn gwddf a theimlodd Kate lafn y gyllell yn arafu wrth iddo blymio'n ddistaw i mewn i gnawd cyhyrog stumog Damanis.

Rhowliodd oddi ar Damanis, y gyllell yn diferu yn ei llaw dde.

Roedd sodlau esgidiau Damanis yn sgrialu ar y llawr pren wrth iddo geisio gwthio'i hun oddi wrth Kate, ei ddwylo am ei wddf. Daeth twrw ratlo rhyfedd o'i geg wrth iddo geisio cael ei wynt, ei lygaid tywyll yn llydan ar led. Tybiai Kate, a oedd wedi codi ar ei thraed, nad oedd wedi sylweddoli ei fod wedi'i drywanu.

Stampiodd ei throed yn fygythiol i'w gyfeiriad a chiliodd Damanis ymhellach, ei wyneb tywyll a gwaedlyd yn troi'n biws. Edrychodd Kate o amgylch y stafell a gweld ei bag llaw a'i siaced denim hi wedi'u stwffio i gornel rhwng y wardrob a'r wal. Cadwodd un lygad ar Sammi Damanis wrth nôl ei heiddo â'r gyllell wedi'i phwyntio tuag ato fel pe bai'n gallu saethu bwledi.

Rhoddodd y dyn ar y llawr ei law ar ei stumog a sylweddoli'n llawn beth roedd Kate wedi'i wneud eiliadau ynghynt. Cododd ei law tuag at ei wyneb, ei fysedd yn dywyll gan waed gludiog. Roedd ofn yn ei lygaid.

Agorodd drws y stafell. 'What's going on in …?' meddai'r cwsmer, cyn gweld y gyllell yn llaw Kate wedi'i anelu tuag ato.

'Give me your wallet,' meddai Kate.

'Now look here, Miss …'

'Your fuckin' wallet,' sgrechiodd nes bod yr aer yn hymian ar ei hôl.

Ymbalfalodd y dyn yn nerfus ym mhocedi'i siaced cyn estyn waled a'i chynnig iddi. 'I've got about sixty quid. Take it.'

'Go on,' meddai Kate wrtho'n fygythiol. 'Fuck off.' Pwyntiodd y gyllell dros ei ysgwydd tuag at y drws agored. 'If you've got a phone, phone an ambulance for him. But if I get done, I'm telling them all about you, Mister …' agorodd Kate ei waled ac edrych am enw i'r dyn. Tynnodd gerdyn credyd o lawes y waled gyda'i bawd. 'Rutherford. Mister Francis Rutherford. Go on, piss off!'

Baglodd Rutherford ei ffordd allan o'r ystafell a chlywodd Kate sŵn ei draed yn brysio ar hyd y llawr grisiau pren. Wrth roi ei siaced amdani gan edrych trwy'r drws sylwodd nad oedd carped ar lawr y coridor chwaith. Roedd y paent ar y waliau'n sgleiniog ac yn duo gan lwydni tamp.

Edrychodd ar Samuel Damanis yn cnewian wrth ochr y fatres. Nid oedd Kate Hopkins mewn cariad ag ef mwyach.

'Goodbye, Sammi,' meddai wrth rwbio'i hôl bysedd oddi ar garn Mister Ben â'i chrys. Gadawodd i'r gyllell ddisgyn i'r llawr, ei llafn yn suddo fel saeth i'r styllen rhwng ei thraed. 'Hope you don't die.'

*

Drannoeth, roedd Kate ar ei phen ei hun mewn gwely a brecwast yn Luton yn dathlu'i phen-blwydd yn ddwy ar bymtheg mlwydd oed. Eisteddai, ei choesau wedi'u plygu oddi tani, ar y gwely dwbl a *pizza* tecawê anferth o'i blaen yn gwylio'r teledu. Roedd y sain wedi'i ddiffodd ac roedd hi'n sgrolio drwy'r tudalennau newyddion testun.

Yn y bedwaredd stori i lawr, ar ôl hanes chwaraewr pêl-droed oedd wedi dioddef lladrad tra oedd yn chwarae oddi cartref, darganfu Kate beth fu ffawd ei chariad cyntaf:

SHEFFIELD MAN FOUND MURDERED IN ABANDONED HOUSE

A man, who has not been named, was found stabbed to death in an abandoned house in the Darnall area of Sheffield, after the police recieved an anonymous tip-off. A small quantity of class A drugs was also found on the scene. A murder investigation has been launched.

Y Rutherford 'na wedi ffonio'r copars, ma'n rhaid, meddyliodd.

Gwyddai Kate na fyddai ffrindiau Sammi yn sôn dim amdani hi wrth yr heddlu. Nid oedd y gymuned Bacistanaidd yn dueddol o siarad o gwbl â'r cops, ac yn llai tebygol fyth felly'r dynion ifanc. Byddai'r ffaith eu bod nhw wedi crybwyll cyffuriau hefyd o'i phlaid.

Roedd ganddi £101.67 wedi'u gosod yn daclus wrth ei hymyl ar y gwely. Roedd hi wedi cael gwared o unrhyw dystiolaeth o'i bywyd cynt fel Kate Hopkins. O hyn allan, am gyfnod beth bynnag,

Annabel Williams fyddai ei henw, merch o'r Drenewydd yng nghanolbarth Cymru. Roedd hi'n bwriadu mynd o gwmpas y gwestai lleol yn chwilio am waith. Dyfalai fod ganddi dridiau cyn i'w harian ddod i ben. Amser cychwyn eto.

Pennod 17

'IT'S CALLED A CRANIOTOMY, Alun. It involves making a hole in your skull so that I can access your brain. This will be carried out under general anaesthetic, which means you will be unconscious and, not feel a thing while I'm in there. Once I've gained access to your brain, we'll remove any blood clots that may have formed and repair any damaged blood vessels. When any bleeding inside your brain has stopped, the piece of skull bone will be reattached using small metal screws. Any questions?'

Gorweddai'r awdur yn llonydd fel carreg, y gwely wedi'i godi fel bod ei gorff ar ongl o bedwar deg pum gradd. 'When?'

'Now would be good,' meddai'r llawfeddyg, a edrychai oddeutu rhyw ddeuddeg mlwydd oed i Alun.

''Di hyn yn gwbl angenrheidiol?' gofynnodd wrth droi at Elinor, oedd yn eistedd ar gadair blastig anghyfforddus wrth ei ochr.

'I won't kid you, Alun,' dechreuodd y meddyg,

yn synhwyro'i anfodlonrwydd. 'I know it sounds crazy to you but the CT clearly shows some clotting. We go in, sort you out, and you'll have no problems. Leave it and you'll have a ticking timebomb in your head. Could go off at any moment. No point in waiting. Okay?'

Nodiodd Alun fymryn, yr ychydig roedd y goler gwddf yn ei ganiatáu.

'The nurse will sort out the appropriate forms for you to sign, and I'll see you in an hour or so, okay?' Nodiodd Alun.

Roedd Elinor yn nodio'i phen yn frwdfrydig ac yn estyn ei law allan at y llawfeddyg. 'Thank you very much, Doctor,' meddai'r golygydd, a dyma'r ddau'n gadael Alun a'r nyrs ar eu pennau eu hunain yn yr ystafell, a gwely'r awdur wedi'i amgylchynu gan beiriannau a thiwbiau meddygol.

'Just relax, love,' meddai'r nyrs gan wenu gwên blastig arno a chymryd y beiro oddi wrtho, ei lofnod yn flêr ar waelod y ffurflen uchaf o chwech. 'We'll be back to prep you in a mo. Okay?' Roedd hi wedi meimio siswrn yn torri'i gwallt wrth ddweud hyn. Grêt, meddyliodd Alun a rhoi gwên wan ar ei wyneb.

Crwydrodd Elinor yn ôl i'r golwg drwy'r drws hanner caeedig a nodio ar y nyrs wrth iddi'i phasio ar ei ffordd allan. 'Ti'n lwcus ar diawl, yn ôl y Doc,' meddai'n dawel.

'Sut ma Doogie Howser yn ffigro hynna allan?' meddai Alun yn fwriadol o uchel mewn ymgais i setlo nerfau'r golygydd.

Chwarddodd Elinor unwaith, fel brân yn crawcian. 'Ma fe'n credu bod y clots 'ma 'da ti ers amser, a bod y bang 'na wedi dy roi di yn y CT scanner jyst mewn pryd.'

'Dwi'm yn teimlo'n lwcus,'

'Ti moyn i fi ffono rhywun?'

'Dim rŵan, wedyn ella ... ar ôl y llawdriniaeth. Dwi'm isho dychryn pobl.'

'Digon teg, *fair enough*,' meddai Elinor a rhoi ei llaw ar flanced gwely Alun a gwasgu'i droed yn ysgafn. 'Roia i lonydd i ti gael resto. Af i ddim yn bell, iawn?'

'Elinor?' meddai Alun fel roedd Elinor yn gadael yr ystafell.

'Beth?'

'Dwi'n gwbod sut un wyt ti, felly os dwi'n pegio hi heddiw paid â meiddio galw fi'n "The Welsh Stieg Larsson".'

Pennod 18

Roedd Kate wedi defnyddio'i medrusrwydd i allu diflannu o olwg pobl i'r eithaf yn y blynydd-oedd ers iddi ddychwelyd o Baris.

Ers iddi benderfynu lladd Jasper Constantine.

Yn blentyn roedd hi wedi cael llonydd gan weddill disgyblion yr ysgol, er ei bod hi'n fach ac yn eiddil. Sylwodd bryd hynny mai dyma'r union nodweddion oedd yn creu helynt i'r plant eraill gyda'r bwlis.

Ond nid i Kate Hopkins.

Roedd ganddi ryw lonyddwch rhyfeddol oedd yn anesmwytho plant eraill, fel pe bai hen ddyn doeth wedi mabwysiadu ei chorff bach, tawel. Roedd hi hefyd, yn reddfol, yn gwybod pryd i wenu, pryd i syllu'n ddifrifol ac yn bennaf oll pryd i edrych i ffwrdd. Sylwodd fod hyn, o amseru'r weithred yn gywir, yn ei gwneud yn anweladwy rywsut. Roedd yn dipyn o grefft.

Erbyn iddi dyfu'n ferch dlos a'r newid ynddi mor ddramatig â glöyn byw yn ymddangos o grysalis, roedd Kate ar ei phen ei hun ac yn byw mewn cartref i blant yn Sheffield. Roedd Elis ei thad, yn

164

troi o gwmpas y ddinas yn rhywle fel deilen hydrefol mewn coedwig anferth ar goll ar y gwynt. Hyd yn oed os oedd hi am ei ddarganfod, fysa ganddi ddim o'r syniad lleiaf ble i gychwyn chwilio. Welodd hi mo'i thad byth wedyn.

Felly, dyma gychwyn ar addysg o fath gwahanol.

Sut i edrych ar ôl dy hun go iawn, achos doedd uffar o neb arall yn mynd i wneud. Roedd adeilad y cartref yn debyg i ysgol, gyda choridorau hir a lloriau linoliwm yn llawn drysau – drysau ystafelloedd y plant a drysau ystafelloedd cyffredin a cheginau. Un swyddfa oedd yn yr holl adeilad: swyddfa Rhonda Bolton, oedd yn gyfrifol am y cartref. Dynes amyneddgar, ddi-lol, gariadus yn ei ffordd unigryw ei hun, a llym hefyd. Roedd y nodwedd olaf yn hollbwysig neu fuasai ganddi ddim gobaith o gadw rheolaeth dros ddau ddwsin a mwy o bobl ifanc trwblus. Roedd Kate yn hoffi enw'i gofalwr am ei fod yn swnio'n Gymraeg rywsut. *My mum loved Rhonda Fleming* roedd hi wedi esbonio. Doedd gan Kate ddim syniad pwy oedd Rhonda Fleming. Kate oedd un o'i ffefrynnau o'r funud y cyrhaeddodd hi'r cartref. *Now, my little red robin*, roedd hi'n ei ddweud bob bore. *Where are you flyin' off to today, my dearie?* neu, *my sweetie* neu, *my little one* a braich fawr, flonegog yn cael ei lapio o'i chwmpas bob tro, fel cael cwtsh gan forlo.

Dechreuodd fynd i wersi *kung fu* am fod Jen Kenwright, y ferch roedd hi'n rhannu ystafell â hi, yn mynnu yn gwbl anghywir, mai dyma'r lle gorau i gyfarfod hogiau. *More sophisticated types, you know, not boxin' morons with tats and bad teeth.* Y wers gyntaf oedd nad *kung fu* oedd enw cywir y grefft ond *wushu*, ond roedd rhoi *kung fu* ar y posteri yn denu mwy o ddisgyblion. Roedd Kate yn fach ac yn denau ond yn chwimwth, hyblyg ac eofn, yr union sgiliau oedd eu hangen i feistroli'r grefft ymladd arbennig hon. Treuliai awr bob dydd ers hynny yn ymarfer ei thechneg yn gydwybodol. Roedd Jen wedi sleifio allan o'r dosbarth hanner ffordd drwy'r wers gyntaf.

Er ei bod yn edrych fel angel, roedd diawl bach yn tyfu yn dawel tu fewn i Kate, yn magu hyder ac addysg yng nghanol awyrgylch anhrefnus a dirdynnol y cartref a'i drigolion cymysg.

Dechreuodd fynd i siopa gyda merch arall o'r cartref o'r enw Mary Kane, heb unrhyw fwriad o dalu am bethau. Roedd rhieni Mary wedi bod yn weddol gyfoethog yn ystod bywyd cynnar eu hunig ferch, ond yna aeth ei thad yn fethdalwr a phenderfynu nad oedd hyn yn dderbyniol. Lwc, os mai dyna oedd o, oedd yn gyfrifol am y ffaith nad oedd Mary gartref pan drywanodd ei thad ei mam i farwolaeth cyn crogi'i hun yn y garej. Roedd hi wedi colli'r bws ysgol y diwrnod hwnnw, oherwydd ei bod wedi gorfod osgoi criw o ferched o ysgol gyfagos oedd wedi cymryd yn ei herbyn. Cerddodd adref a darganfod bod ei byd ar ben.

Gucci, Apple, Hobbs, Chanel, beth bynnag oedd yn ffeindio'u ffordd i waelod eu bagiau siopa. Byddai Mary'n rhoi gwersi i Kate ar y gwahanol frandiau, eu gwneuthuriad a'r rhesymau pam mai'r rhain oedd y nwyddau gorau o'u math. *If you're goin' to be caught shopliftin', the higher the risk, the greater the reward. Don't do it for the buzz, do it for the bling!* Roedd Mary'n athrawes benigamp hyd nes iddi gael ei dal yn ceisio dwyn clustdlysau diemwnt o Green + Benz ar Division Street. Ni welodd Kate ei chymar siopa fyth wedyn ond clywodd fod rhyw fodryb wedi ymddangos o rywle i roi cartref newydd iddi. Roedd y math yma o stori'n cael ei hadrodd yn gyson pan fyddai un o'r plant yn gadael y cartref. Tybiai Kate mai'r gwirionedd oedd fod yr awdurdodau wedi symud y ferch i gartref newydd rywle arall yn y ddinas fawr.

Wedyn, un diwrnod, pan oedd hi'n eistedd ar wal siop y gornel gyda Jen, dyma Audi gwyn yn rowlio i stop ar y llinellau melyn dwbl gyferbyn. Agorodd y ffenest a daeth twrw cerddoriaeth pop Bhanṅgrā allan o'r cerbyd yn curo'n uchel a rhythmig. Gwelodd fraich frown mewn crys sidan gwyn yn pwyso ar ffenest y car. Daeth wyneb dyn i'r amlwg. Wyneb prydferth a thywyll, yn gwisgo Aviators ac yn gwenu gwên o ddannedd gwyn, perffaith.

'Alright, gals?' Ymddangosodd degpunt rhwng bysedd ei law oedd erbyn hyn yn gorwedd ar y ffenest agored. 'Fancy poppin' in there and gettin' me a can of Pepsi?'

'Get it yourself,' meddai Jen a rhoi naid fach oddi ar y wal.

'How 'bout you, gorgeous?' gofynnodd Samuel Damanis, gan wthio'i sbectol haul i lawr ei drwyn ac edrych ar Kate. Teimlodd ei bochau'n cochi a rhyw deimlad newydd, cynnes, yn cosi'n ddwfn yng nghrombil ei chorff.

*

Un peth yn digwydd ar ôl y llall, fel rhyw gynllun perffaith yn arwain at y foment hon. Dyna roedd Kate yn ei feddwl wrth wylio Jasper Constantine yn rhuthro tuag ati i lawr allt serth Cwmrhwyddfor ar yr A470. Fel arfer, roedd o'n gwisgo'r gêr i gyd: y lycra du, Team Sky, a'r helmed mynd-yn-gynt. Reidio beic £5,000, neu fwy efallai, gyda'i sgidiau melyn llachar. Rhoddodd y binociwlars i lawr a chodi'r reiffl allan o'i gwdyn. Roedd ganddi funud a hanner i baratoi. Dim brys.

Munud a hanner o'r adeg pan oedd y targed yn ymddangos ar ben yr allt ac yna'n diflannu cyn ailymddangos hanner ffordd i lawr. Pum eiliad oedd ganddi i ergydio, dim mwy. Dyna'r ffenest pan nad oedd modd iddi fethu, y targed yn syth o'i blaen ac yn fawr yn y sgôp. Ar ôl pum eiliad byddai'r beiciwr yn diflannu eto a'r cyfle wedi mynd.

Aeth Constantine o'r golwg am dros funud o fan gorwedd Kate ar ochr y mynydd. Pan fyddai'n ymddangos nesaf byddai ganddi hi bum eiliad.

Roedd munud yn gallu bod yn amser hir.

Nid heb gysidro'r peth yn ofalus yr oedd Kate wedi penderfynu ei ladd a hynny heb iddi gyflwyno'i hun iddo'n gyntaf. Wedi'r cyfan, un eiliad roedd ei mam yn fyw ac yn hapus, a'r eiliad nesaf roedd Jasper Constantine, yn hollol off ei ben bach breintiedig ar *ecstasy* ar y pryd, yn meddiannu'i hochr hithau o'r ffordd fawr ac yn hedfan dros ymyl ucha'r pant tuag at eu Subaru. Roedd ei mam wedi gorfod gwyro'r car yn sydyn i'r dde. Trwy'r clawdd isel wedyn a hwnnw'n gweithredu fel ramp i hyrddio'r Subaru i fyny i awyr glir y bore. Glaniodd y car yn y cae pori yr ochr draw gan ddod i stop disymwth yn erbyn craig anferth, yn union fel pêl-fas yn glanio mewn maneg. Ffrwydrodd y bagiau awyr yn eu hwynebau, ac roedd Kate fach yn sownd ym mwced sêt y teithiwr. Agorodd ei llygaid ar ôl eiliad cyn eu cau eto ar ôl iddi syllu ar yr erchylltra ar ei hochr dde. Disgynnodd Elis yn ôl i orwedd yn ddiymadferth yn y gwagle rhwng y seddi blaen a'r sêt ôl. Oherwydd ei fod wedi bod yn rhydd yng nghefn y cerbyd, roedd wedi cael ei hyrddio yn ei flaen pan ddaeth y car i stop yr un adeg yn union â phan oedd y bagiau'n gwasgu ac yn gwthio ei wraig yn erbyn cefn sêt y dreifar. Roedd ceudwll piws ar gefn pen ei mam, lle roedd Elis, ei thad, wedi'i phenio.

Ymhen ychydig clywodd Kate dwrw yn ei hymyl – rhywun yn ceisio agor drws y teithiwr.

'Leave it, just fuckin' leave it, man. It could blow up. Get back in the car, Darren, and let's get the fuck out of here!'

Trodd Kate ei phen yn araf fel pe bai mewn breuddwyd, agorodd ei llygaid a gweld cefn dyn ifanc yn cerdded i ffwrdd oddi wrth y Subaru. Dyna lle safai Jasper Constantine yn edrych yn wallgof, ei lygaid yn llydan a'i wefusau'n goch fel draig. Chwarddodd yn nerfus a dangos ei ddannedd, ei geg yn agored, cyn rhuthro o'i golwg. O'i golwg am bymtheg mlynedd.

Dychwelodd Kate o Baris a mynd i'r Llyfrgell Genedlaethol yn Aberystwyth. Edrychodd drwy'r papurau Cymreig, gan ddechrau ar y Llun wedi'r ddamwain, 13 Ebrill 1998. Treuliodd y diwrnod yn dilyn yr hanes ar hyd y misoedd yn y *Daily Post* a'r *Western Mail*. Constantine a'i dad, oedd yn fargyfreithiwr uchel ei glod yn Llundain, yn mynd i orsaf yr heddlu yng Nghaernarfon ar y dydd Llun wedi'r ddamwain i gyfaddef mai fo oedd yn berchen y car oedd wedi gadael y lle. Nid oedd llawer o ddewis ganddo gan fod llygad-dystion wedi'u gweld yn dianc. Fo a Darren Patrick Parry, gwerthwr cyffuriau a DJ o Fangor oedd allan o'r carchar ar brawf. Roedd Consantine wedi mynnu mai Parry oedd yn gyrru'r car ar y pryd gan ei fod yntau wedi cymryd y cyffur *ecstasy* a werthwyd iddo gan Parry. Roedd ei dad hyd yn oed wedi mynnu bod yr heddlu yn cymryd prawf gwaed ganddo er mwyn profi'r peth. Wrth gwrs, roedd Parry wedi gwadu ei fod yn gyrru'r car. Yn hytrach, dywedodd mai Constantine oedd wedi bod yn gyrru'n wallgof ar ôl cynnig lifft iddo i dŷ cariad y DJ yn Waunfawr wedi i'r ddau fod mewn *rave* anferth ar gyrion y Fali ar Ynys Môn drwy gydol y noson cynt.

Ymlaen at yr achos llys yn yr Wyddgrug ddiwedd mis Hydref 1998. Y Barnwr David X. Harris (treuliodd Kate chwarter awr yn darganfod mai Xavier oedd enw canol y dyn) yn penderfynu derbyn ple Darren Parry ei fod yn euog o achosi'r ddamwain ac yn euog o werthu cyffuriau dosbarth A. Rhyddhawyd Constantine heb unrhyw gyhuddiad yn ei erbyn a dedfrydwyd Parry i naw mlynedd o garchar.

Roedd y dagrau'n disgyn yn boeth heibio sgrin

loyw'r cyfrifiadur ar y bysellfwrdd o'i blaen. Cyn hyn, doedd hi'n gwybod dim am yr anghyfiawnder hwn. Gwyddai'n iawn mai Jasper Constantine oedd yn gyrru'r Jaguar XK8 Coupé, nid Darren Parry. Bu farw Parry yn y carchar, canser y perfedd, yn 2001. Roedd o'n dri deg un mlwydd oed. Roedd casineb yn codi i'r berw fel haint dan groen prydferth ac esmwyth Kate Hopkins, casineb perffaith a phur.

A dyma fo, o fewn ei golwg yn y sgôp, ei gorff yn isel yn erbyn ffrâm y beic wrth iddo wibio i lawr yr allt. Roedd Jasper Constantine yn berchen ar westy bychan ger Llyn Myngul, ddwy filltir tu ôl i'r fan lle roedd Kate yn aros. Hwn oedd ei hoff gylch ar y beic rasio, ddwywaith yr wythnos. I lawr i Fachynlleth drwy Gorris Uchaf, i fyny i Fallwyd ac ar draws i'r Cross Foxes cyn cychwyn am adref – ychydig dros dair awr ar y beic cyflym.

Pump.

Fydd o ddim yn gweld ei westy eto.

Pedwar.

Nac yn dreifio'r Porsche 'na sydd gynno fo dan do yn y beudy.

Tri.

Na'n wastio mwy ar ocsigen y byd hwn.

Teimlodd y reiffl yn tynhau yn erbyn ei hysgwydd wrth iddi wasgu'r taniwr a gyrru'r fwled i wneud ei gwaith erchyll. Nid oedd Kate yn cofio clywed y ffrwydrad ond atseiniodd ei dwrw fel awyren jet drwy'r cwm serth. Cododd yn gyflym ar ei thraed a gweld y beic yn sgrialu ar ei ochr i lawr y ffordd. Roedd hi'n anodd gweld Constantine yn erbyn y tarmac tywyll, ond nid oedd ar ei feic mwyach, beth bynnag. Roedd y rhedyn o'i chwmpas ar lethr y cwm yn ei chuddio pe digwyddai rhywun fod yn chwilio am y saethwr, ond tybiai Kate nad oedd neb o gwmpas am hanner awr wedi naw yr hwyr. Rhoddodd ei reiffl, neu reiffl Declan Sullivan a bod yn fanwl gywir, i gadw yn ei gwdyn a chodi cwfwl y *poncho* am ei phen; roedd y gwybed yn ei phigo'n wirion wyllt. Plygodd i lawr a rhoi cetrisen wag y reiffl yn ei sach a'r binocwlars yn gwmni iddi. Caeodd y sach a'i lluchio dros ei hysgwydd a throi, gan anelu i fyny'r dyfnant serth allan o'r cwm. Ddau funud yn ddiweddarach roedd hi'n tanio injan y beic sgrialu â'i throed dde ac yn ei goleuo hi allan drwy'r goedwig binwydd, y peiriant rhwng ei choesau yn cadw twrw fel miliwn o wenyn. O fewn pum munud, roedd hi wedi cyrraedd y fan wen ar y lôn gefn wrth dop rhiw Gwgan ychydig tu allan i Gorris Uchaf. Agorodd gefn y fan, tynnu ramp dur allan a rowlio'r beic i gefn gwag y cerbyd. Neidiodd i sêt y gyrrwr gan wthio'r goriad i'r taniwr yr un pryd.

Roedd Kate yn gyrru i mewn i Fachynlleth pan aeth y car heddlu cyntaf heibio iddi, ei oleuadau'n fflachio'n las. Plygodd ei phen wrth i nodau'r seiren ddisgyn wythfed wrth yrru heibio'r fan. Gyrrodd drwy'r dref farchnad fach a throi am y Drenewydd. Wedyn, troi i fyny am y Trallwng gan ofalu nad oedd hi'n torri rheolau'r ffordd fawr. Trwy'r Trallwng a throi i'r dde eto am Amwythig. Ymlaciodd Kate am y tro cyntaf wrth droi'r fan wen i mewn i faes carafannau roedd hi wedi dod o hyd iddo ynghynt yn ystod y diwrnod hir hwn ar gyrion Amwythig. Roedd hi wedi dod â'i phlatiau rhifau ei hun oddi ar gerbyd tebyg i'r fan wen oedd ym maes parcio'r garej gwerthu ceir cyfagos. Parciodd y fan y tu ôl i ffermdy perchennog y maes carafannau anferth, o olwg pawb. Roedd blaen ei Smart bach hithau'n ei hwynebu ac yn disgwyl amdani.

Nid oedd Blackie wedi rhoi dim iddi heblaw goriad y fan a chyfeiriad a dwy frawddeg o gyfarwyddyd: *Don't talk to anyone, the van's round the back of the house, bike's inside. Both tanks are full, just leave it where you found it.*

A dyna wnaeth hi, ar ôl ffeirio'r platiau unwaith eto a throsglwyddo'r bagiau i'r Smart. Tynnodd ei menig wrth iddi eistedd yn sêt yrru fechan ei char ei hun. Syllodd arni'i hun yn y drych ôl. Edrychai wedi blino ond roedd gwên fach fodlon yn gysgod ar ei hwyneb gwelw.

Pennod 19

DYN BACH PRYSUR yn awyddus i golbio'i ffordd allan o'i benglog â'i bicas finiog, dyna ddychmygai Alun oedd yn achosi'r cur pen dieflig oedd ganddo. Roedd newydd ddeffro mewn ystafell ddiarth a thiwb plastig yn rhedeg ar draws ei wefus uchaf. Cyffyrddodd yn y tiwb a sylweddoli ei fod wedi'i sodro i'w ffroenau. Tiwb ocsigen, tybiodd. Rhoddodd ei law i fyny i gyffwrdd ei boen a theimlo'r rhwymyn fel tyrban am ei ben. Teimlodd ei lygaid, oedd yn dyrnu fel dwy galon, yr amrannau wedi chwyddo ac yn boenus fel clais wrth eu cyffwrdd. Roedd peiriannau meddygol digon tebyg i'r rhai oedd yn yr ystafell cyn y llawdriniaeth wrth ochrau'r gwely, oedd wedi'i godi i fyny ar ongl. Symudodd ei draed er mwyn gweld a oedd popeth yn gweithio. Dim problem.

'Ti'n gallu siarad?' Sibrydodd y cwestiwn wrtho'i hun yn y stafell wag gan roi'r ateb i'w hunan yr un pryd. Teimlai tu fewn ei geg a'i dafod fel petaent wedi'u rendro â thywod sych. Gwelodd ei sbectol o fewn cyrraedd ar y bwrdd wrth ymyl y gwely.

Cododd y lensys i fyny at ei lygaid gan wybod na fuasai'r fframiau'n ffitio dros y rhwymyn ac edrychodd ar y cloc ar y wal gyferbyn. Deg munud i bump. Er bod y cyrtans wedi'u cau roedd hi'n amlwg yn olau dydd tu allan. Roedd o wedi mynd dan yr anesthetig tua un o gloch ac felly, os mai'r un diwrnod oedd hi roedd y llawdriniaeth wedi cymryd rhywbeth tebyg i amcangyfrif Doogie i'w gwblhau, tybiodd Alun. Tua dwy awr, dwy awr a hanner. Rhoddodd ei sbectol 'nôl ar y bwrdd heb edrych. Dechreuodd ei amrannau gau, yn drwm fel cerrig ar ei lygaid mwyaf sydyn. Wrth ymdrechu i'w cadw'n agored roedd y boen yn amlygu'i hun iddo. Caeodd ei lygaid am funud. Tywyllwch braf. Cwsg yn dilyn.

*

'Hei, Al.' Eisteddai DI Keith Grossi ar waelod ei wely yn cnoi cnau allan o baced o KPs a hebrwng Alun yn ôl o'r cae nos. 'Su' ma'r pen?'

Aeth tafod gwlyb yr awdur am dro o amgylch ei geg grimp a llyncodd ryw fymryn o boer, ei gorn gwddf yn boenus o sych. 'Keith?'

'Be uffar dwi'n neud yma, ti'n feddwl?' Cododd y dyn mawr o'r sêt fechan a phwnio gwelltyn allan o'i orchudd blastig. Gwthiodd y gwelltyn i mewn i'r cylch bach arian ar dop bocs sgwâr o Ribena.

'Tria hwn,' meddai wrth osod blaen y gwelltyn dan drwyn Alun.

Sugnodd ar yr hylif oer a chodi'i fawd ar y DI wrth i'r ddiod liniaru ar sychder yr anialdir tu mewn i'w geg ac i lawr ei wddf. Cymerodd Grossi law Alun a'i gosod ar y bocs diod. 'Paid â'i yfad o i gyd ar unwaith. Pwyll pia hi.'

'Wel?' gofynnodd Alun cyn tagu, y gair yn cael ei ryddhau fel aderyn o'i geg.

'Dwi'm yn gwbod faint wyt ti'n gofio, Al,' dechreuodd Grossi gan lusgo'r sêt yn nes at dop y gwely. Eisteddodd wrth ochr y claf. 'Ond mae 'na ddyn arall wedi'i saethu, 'nôl yng Nghymru.'

Nodiodd Alun unwaith wrth geisio cofio'r enw, Jasper rhywbethneugilydd.

'Wel, cafodd y cradur 'i ladd wrth reidio'i feic ddim yn bell o Machynlleth, ar yr allt hir 'na tu allan i Corris, ti'n gwbod?'

Ysgydwodd Alun ei ben: nid oedd unrhyw syniad ganddo. Fel pwnc doedd daearyddiaeth ddim yn un o'i gryfderau.

'Beth bynnag. Jasper Constantine oedd enw'r boi. Canu unrhyw glychau?'

Ysgydwodd ei ben eto.

'Peth ydi, *sniper shot* arall, *no witnesses*, a rhyw fildar lleol yn dod ar draws y corff Duw a ŵyr faint wedi i'r boi'i cha'l hi. Meddwl fod y boi wedi dod *off*

177

ei feic, nes iddo droi'r corff drosodd a ffeindio twll mawr 'nghanol ei wddw o.'

Sgrialodd Alun yr awyr o'i flaen â'i fys a bawd, ei dalcen wedi'i grychu.

'Na, dim nodyn ar y corff. Ond wyth awr wedyn dyma un o'r PCs yn darganfod hwn ar ochr y lôn wrth i ni neud ymchwiliad manwl o'r *crime scene*.' Cododd Grossi fag plastig clir er mwyn i Alun ei weld ac oddi mewn iddo roedd cerdyn blêr yr olwg ac un gair arno. Ystumiodd Alun â'i law i Grossi ddod â'r darn papur yn nes gan nad oedd yn gwisgo'i sbectol.

Sais.

Be arall alla fo fod?

'Roedd o lai na hanner canllath o ble ddisgynnodd y corff, yn un o'r pethau plastig 'na ti'n gael mewn *binders* A4, ti'n gwbod? Yn amlwg wedi'i adael yno cyn saethu'r Constantine *bloke* 'ma. Be rydyn ni'n 'i alw'n *premeditated murder. Planned and executed* fath â *professional hitman*.'

Pwyntiodd Alun ato'i hun gan dynnu'r gwelltyn allan o'i geg. 'Pam ti'n rhannu hyn ...'

'Hefo chdi?' Gwenodd Grossi wên lydan. 'Am dy fod ti'n mynd i fod yn *stuck* yn fama am dair wythnos. Fydd 'na gopar tu allan *twenty-four seven*, yn gwatshiad ar dy ôl di. A bod yn onest efo chdi, Alun, dwi'm yn meddwl bod chdi'n gwbod *fuck-all* am y busnas 'ma. Ond os dwi'n deud bob dim 'dan ni'n wbod wrtha chdi, efallai fyddi di'n gallu taflu chydig o oleuni ar yr *investigation*. Dwi wedi darllen dy lyfr di gyda llaw, y fersiwn Saesneg.'

O, gwnaeth Alun siâp y gair gyda'i wefus, ni ymddangosodd y gair o'i geg.

'Oedd o'm yn dda iawn, a bod yn onest. *Lost in translation*, ella. Beth bynnag, roeddwn i'n sylwi mai tri pherson sydd yn cael eu lladd yn dy lyfr di, heblaw am y Carwyn *bloke* 'na, ddaru comitio'r *murders*. Un arall i fynd felly, os ydi'n dyn ni am fod yn ffyddlon i dy lyfr di.'

Rhwbiodd Alun ei dalcen islaw'r rhwymyn a chur yn corddi fel corwynt o gwmpas ei benglog. Teimlai'i groen yn estron iddo. Nid oedd yn gallu canolbwyntio ar eiriau'r DI. 'Sori, Keith, dwi'm yn ...'

Cwsg.

*

Agorodd Alun ei lygaid, a'i ben yn glir fel cloch. Roedd wedi deffro ychydig eiliadau ynghynt a gwrando ar y ffaniau oeri'n troi o fewn y peiriannau meddygol. Gwyddai'n syth ble roedd o. Cododd rhywun oddi ar y sêt roedd Keith Grossi wedi bod yn eistedd ynddi ynghynt, Elinor Reynolds efallai, yn ôl ei siâp hi. Gwelodd Alun hi'n dal ei dwy law allan yn betrusgar ond yn niwlog. Trodd hithau heb ddweud gair a mynd allan drwy ddrws hanner agored y stafell. Cydiodd Alun yn ei sbectol eto ac edrych drwyddynt ar y cloc ar y wal. Bron yn chwarter wedi saith. Gallai deimlo'r tiwb dal yn ei drwyn. Rhoddodd ei sbectol 'nôl ar y bwrdd.

Daeth nyrs i mewn i'r stafell a dilynodd Elinor hi. 'You're awake, Mister Jones. Excellent.' Cerddodd at ochr y gwely a gafael yn ei arddwrn. Edrychodd ar ei watsh. 'Excellent,' meddai ar ôl rhyw hanner munud. 'How are you feeling?'

'Good,' meddai Alun. 'Headache's gone.'

'I think we can take this out now,' meddai'r nyrs, yn cydio yn y tiwb. 'Take a deep breath through your mouth for me, and then breathe out hard through your nose.' Cymerodd Alun anadl ddofn. 'Ready?' Chwythodd allan drwy'i drwyn a theimlo'r tiwb yn rhuthro allan o'i ffroenau fel yr Eurostar yn anelu am Baris.

'Ych a fi!' ebychodd wrth i'r nyrs stwffio hances dan ei drwyn.

'There, all done,' meddai. 'I'll be back in a mo. You hungry?'

Nodiodd Alun ei ben yn ochelgar. 'Depends.'

'Some soup maybe?'

'Maybe,' meddai wrth wasgu'i lygaid yn fach mewn ymdrech ofer i weld wyneb y nyrs. Roedd o'n ddall fel twrch heb ei sbectol, ond roedd hi'n swnio'n ddel beth bynnag.

'I'll let you know what flavours they've got in the kitchens.' A gyda hyn gadawodd y nyrs.

'Flavours?' meddai Elinor gan chwerthin yn isel wedi i'r drws gau'n dawel ar ei hôl.

'Sut a'th yr op?' gofynnodd Alun, yn gwenu'n ôl arni.

'Dim problemo, cimosabi.'

'O ddifri, Elinor.'

'*Tip top*, medde'r *surgeon*. *Serious*. Mewn, bish-bash-bosh, mas. Ti'n edrych fel Ali Baba 'da'r bandej 'na am dy ben, cofia.' Eisteddodd Elinor. 'Ti moyn i fi nôl rhwbeth i ti, neu ffono rhywun?'

'Estyn 'yn waled i fi, nei di?' meddai Alun, yn pwyntio at y cwpwrdd dan y bwrdd ochr gwely. 'Ym mhoced gefn y trywsus, fewn fanna.'

Aeth Elinor i chwilota yn y cwpwrdd a dod o hyd i'r dilledyn. Rhoddodd y waled i'r claf. ''Sdim ishe i ti roi arian i fi, ti'n gwbod.'

'Hwn,' meddai Alun yn estyn cerdyn allan o gefn y waled. 'Presgripsiwn llygada diweddaraf. Os medri di ga'l rwbath neith ista ar 'y nhrwyn i, be maen nhw'n 'u galw nhw, *prince nez* neu rwbath?'

'*Pince*, 'chan. *Pince-nez*, pinso'r trwyn yn Ffrangeg.'

'Yli arna chdi hefo dy ffansi *general knowledge*.

Ddyla chdi fynd ar *Mastermind*,' meddai Alun, yn tynnu coes ei olygydd.

''Sdim arian i ga'l ar y *show* 'na. Pwy fydde moyn ennill bowlen salw ar ôl misoedd o stydio *specialist subjects* a whysu stecs ar y gader ddu, 'na? A maen nhw'n galw'r enillydd yn Mastermind? *Ridiculous*!'

'Fysa chdi'n gallu ffonio ffrind i fi hefyd, deud 'tha fo be sydd 'di digwydd.'

'Wrth gwrs.'

Pwyntiodd at y bwrdd eto. 'Estyn y ffôn i mi, ma'r *numbers* i gyd yn hwnna. Dave 'di enw fo. Fydd o ar y top yn rhwla. Ble ma Grossi, y plismon yna?'

'Wedi mynd i tsheco mewn i'w hotel e medde fe. Mae 'na ddyn arall mewn *uniform* tu fas i dy stafell, nawr. *Security* neu *police* neu rwbeth,' meddai Elinor, ei bysedd bach prysur yn stryffaglian i droi ffôn Alun ymlaen wrth ddal i siarad.

'Dwi'n rhyw hanner cofio Grossi'n sôn rwbath cwpwl o oriau'n ôl,' meddai Alun. 'Ond doeddwn i'm yn canolbwy ...'

'Ddoe ti'n feddwl. Ti wedi bod yn *fflat out* ers yr *operation* ddoe, Alun bach.' Rhoddodd sgrin y ffôn dan drwyn Alun. 'Hwn yw'r Dave 'ma ti moyn i fi gontacto?'

'Ddoe! O ddifri?' ebychodd Alun, ei wyneb yn syfrdan. Yna gwenodd wrth ddarllen ystum difynegiant Elinor. 'Ti'n tynnu 'nghoes i, yn dwyt?'

Ochneidiodd y ddynes fach gron ac estyn papur newydd oddi ar y gadair blastig. 'Ma fe dal yn dwym ers pan o'n i'n ishte arno fe.' Stwffiodd y *Daily Mirror* dan drwyn yr awdur.

English hate author in broken brain horror

Roedd llun o dan bennawd y dudalen flaen: Alun, ar lawr yr orsaf drenau, wedi'i amgylchynu gan yr haid newyddiadurwyr.

'Papur heddi,' meddai Elinor.

Edrychodd Alun ar y dyddiad. 'Ia, dwi'n gweld. Beth am y dyn gafodd ei ladd, ydi o'n cael mensh o gwbwl?' gofynnodd wrth fodio drwy'r papur fodfeddi oddi wrth ei lygaid pinnau.

'Cwpwl o baragraffe ar *page two*, os wy'n cofio'n iawn.'

'Be ma hwn yn ddeud?' Dechreuodd Alun ddarllen o'r ail dudalen yn araf. '"A source at St Thomas's Hospital said that his hopes for a full recovery were 50-50 at best. Some brain damage was almost inevitable." Ti'n clywad hynna? *Inevitable!* Ffycin *cheek!*'

'Paid â gryndo arnyn nhw. *Gutter press*, sothach yw e i gyd. *Sensationalism.*'

'Gei di ddim iwsio mobeil yn fama, dwi'm yn meddwl. Rhaid i chdi fynd lawr i'r fynedfa.'

'Mi a' i nawr 'te. Ti moyn rwbeth o'r siop fach?'

'Dŵr.'

Gadawodd Elinor ac aeth yr ystafell yn rhyfedd o dawel. Cafodd Alun y teimlad anghyfarwydd o fod yn unig eto. Anghyfarwydd iddo hyd nes yn ddiweddar beth bynnag. Syllodd ar ei ddwylo a chael yr ymdeimlad iasol a disynnwyr eu bod yn chwyddo'n afresymol o fawr o flaen ei lygaid: teimlad corfforol yn ogystal â gweledol. Caeodd ei lygaid ond roedd y twyll yn parhau. Penderfynodd glapio'i ddwylo at ei gilydd ond erbyn hyn roedden nhw'n rhy drwm i godi oddi ar gynfasau'r gwely a'r croen yn gwasgu'n dynn amdanynt. Dwylo cawr.

Agorodd ei lygaid; roedd ei ddwylo'n gorwedd yn hollol normal a diniwed ar y gwely. Dechreuodd chwarae'i fawd dros flaenau'i fysedd. Popeth yn iawn. Agorodd ddrws y stafell a thorrodd sŵn dwl yr ysbyty ar ei synfyfyrio.

'Pwy ti'n meddwl ffindes i'n cecru 'da'r *police* tu fas, jyst nawr?' gofynnodd Elinor wrth gerdded i mewn a dal y drws yn agored.

Camodd Dave Abensur i mewn i'r stafell. 'Iawn, cont?'

'Be uffar ti'n neud yma?' gofynnodd Alun, yn gwenu o glust i glust. Nid oedd yn cofio bod mor falch o weld neb erioed.

'Ffycin *charming*, mi a' i 'ta, ia?' meddai'r ieti

o ddyn mawr blêr a blewog, a chychwyn troi ar ei sawdl. Roedd ganddo dusw o rawnwin coch yn ei law dde.

'Gad y *grapes*!' gorchmynnodd Alun, yn chwarae'r gêm.

'Gobeithio nei di dagu arnyn nhw, y cwdyn anniolchgar,' meddai Dave wrth stwffio'r swp o ffrwythau yn syth i ddwylo'r Elinor ddryslyd a gadael y stafell, y drws yn cau ar ei ôl.

Pwyntiodd Elinor ei bawd at Alun ac yna at y drws ac yna'n ôl at yr awdur. 'A chi'n ffrindie, ti'n gweud?'

Agorodd y drws eto a dyma Dave yn mentro i mewn yn edrych wedi blino. 'Dwi angen *sit down* am funud,' pwyntiodd at y sêt blastig a gofyn i Alun. 'Ti'n meindio?'

'Plesia dy hun, dwi'm yn defnyddio hi, na'dw? Ti'n iawn, Dave?'

'Iawn, mêt,' atebodd Dave gan eistedd a rhwbio'i gluniau â rhawiau'i ddwylo.

'Fi'n hollol *confused*,' meddai Elinor. 'Chi gogs, chi ddim yn gall!'

'Dwi'n gweld fod chdi 'di mynd am y *full-on* Taliban *look* rŵan,' meddai Dave, yn estyn ei fraich allan ac yn cymryd y grawnwin yn ôl oddi wrth Elinor.

'Ha, ha, doniol iawn,' meddai Alun.

Cymerodd Dave grepsen allan o'r cwdyn plastig a'i rhwbio ar ei grys-T du, Metallica wedi'i brintio'n fawr ac yn wyn arno. 'Agor dy geg 'ta. *Time for your medication*, Mister Jones,' meddai ei lais yn wichiad Americanaidd, gan ddynwared Nyrs Ratchet. Anelodd y ffrwyth ato ond nid oedd Alun yn chwarae. 'Plesia dy hun,' meddai Dave gan daro'r grepsen yn ei geg ei hun a dechrau cnoi.

'Sut oeddach chdi'n gwbod …?' dechreuodd Alun.

'Bod chdi mewn hosbitol yn Llundan?' gorffennodd Dave. 'Grossi. Ddes i i lawr ar y trên hefo'r copar arall 'na, be-di-enw-fo, Jones ia? Cefin, boi iawn hefyd, am soch-soch, *anyway*.'

'Pam fysa Grossi'n …?' dechreuodd yr awdur eto.

'Fi ddaru ffonio fo, oherwydd y nodyn ar ddrws dy fflat di.'

'Pwy nodyn? Be ti'n feddwl?'

'Ti'm 'di siarad hefo Grossi?' gofynnodd Dave, yn edrych yn ôl ac ymlaen rhwng Elinor ac Alun.

'Welis i o ddoe,' meddai Alun.

'Smo fe 'di sôn dim am unrhyw nodyn 'da fi,' ategodd Elinor.

'Doedd o ddim yn gwbod amdan y nodyn ddoe. Bore 'ma 'nes i ffeindio fo. Mae o gin Cefin tu allan, yn dal i ddadla efo'r copar Llundain 'na, siŵr o fod.'

'Be ma'r nodyn 'ma'n 'i ddeud?' gofynnodd Alun a'r cur yn dychwelyd fel niwl môr dros gefn ei ben.

'Dim ond un gair sy arno fo,'

'Ia?' meddai Alun.

'Ie?' meddai Elinor yr un pryd.

'Nesa,' meddai Dave. 'Jest,' arhosodd am eiliad cyn codi'i fraich a gwneud symudiad sydyn o'u blaenau â'i law agored. 'Nesa.'

*

'Be oeddach chdi'n obeithio'i ga'l allan o hyn i gyd, Alun?'

'Dim oll, *nada, zilch … zero.*' Cododd Alun ei hun yn uwch yn ei wely wrth ebychu'r geiriau, ei lais wythfed yn uwch na'r arfer. 'Yr unig beth roeddwn i'n ceisio'i neud oedd sgwennu rhwbath na fysa pobl yn ei anwybyddu'n syth. Rhwbath ffres, 'bach yn *controversial.*'

'*Calm down,* nei di?' meddai Keith Grossi'n bwyllog. 'Ti'n neud fi'n *nervous,* yn gwichian fel 'na. Doedd hwn ddim yn y llyfr, nag oedd?' Cododd y darn papur mewn gorchudd clir oedd ar y bwrdd a'i ollwng ar y gwely. Un gair oedd ar y darn papur gwead garw, o liw tywod sych.

NESA

187

'Nag oedd, dim yn 'yn un i. Oedd o yn yr un Saesneg? Ti 'di darllen hwnnw, do.'

'Dim ond cardia hefo "Sais" dwi'n cofio. Dim *Next*, dim "Nesa", dim byd felly,' meddai'r DI.

'Sut ti'n gwbod na ddim rhyw *crank* sy 'di yrru o?' Gafaelodd yn ffrâm haearn y gwely, ei fysedd yn dawnsio o'i gwmpas mewn cylch rythmig. 'Be ti'n galw nhw? *Copycat*.'

'Yr un papur ydi o, fel y ddau arall. Yr un inc hefyd. *Beetroot*.'

'Sori?'

'*Beetroot*,' meddai Grossi, yn codi'r darn papur eto. 'Dyna 'di'r inc, medda'r lab. 'Bach o halen a finag. Tydi o ddim yn anodd, *apparently*.'

'O! Dyna fo, *case solved*,' meddai Alun yn theatrig o goeglyd. 'Arestiwch Alan Titchmarsh, reit ffycin handi.'

'Y pwynt ydi: "Nesa".' Pwysodd Grossi 'nôl yn ei gadair gan edrych fel athro, yn eistedd ar sêt disgybl yn yr ysgol gynradd. 'Y pwynt ydi, chdi fydd nesa. Dyna pam mae o wedi gyrru hwn ata chdi. Chdi nesa.'

'Ti'n meddwl wyt ti, Sherlock?' meddai Alun, ei lygaid yn gartwnaidd o fawr yn ei wep wridog, ei wefus isa'n plycio o'i hanwirfodd.

'Alun, rhaid i chdi'i chwlio hi. Ti newydd gael dynion yn tyllu i mewn i dy ben di. *Calm the fuck down*, ia?'

'Dwi'm yn flin go iawn. Mae'r holl beth jest mor swreal. Pam ma'r boi ar 'yn ôl i rŵan? Oeddwn i'n meddwl mai fi oedd 'i *guru* fo neu rwbath. Ei ysbrydoliaeth o, ti'n gwbod?'

'Ella bod mynd ar *Newsnight* a galw fo'n *psychopath* ddim yn syniad da, wrth feddwl am y peth,' awgrymodd Keith yn codi un o'i aeliau'n goeglyd.

'Dwi'n meddwl bod chdi'n iawn yn fanna.'

'Ti'n ddigon saff yn fama am ryw bythefnos, tair wythnos. Erbyn hynna, hefo 'chydig bach o lwc a lot o waith ditectif gwych wrth gwrs, fyddan ni wedi llwyddo i ffeindio'r *nut-job* 'ma.' Cododd Grossi ar ei draed. 'Tria beidio poeni. Gwella ti angen g'neud rŵan.' Cymrodd Grossi'r darn papur yn ei orchudd a'i roi yn ei sgrepan ledr brown fel bag ysgol i oedolion. 'Ddo i 'nôl lawr i weld chdi cyn i chdi adael, siŵr o fod.' Estynodd ei law allan a dyma Alun yn ei hysgwyd yn ysgafn. 'Gwatshiad ar ôl dy hun, ia?'

'Diolch Keith,' meddai Alun yn ddiffuant, ei lais yn eitha difrifol.

'Am be?' gofynnodd y DI yn gwenu'n ysgafn.

'Am goelio bod gynno fi ddiawl o ddim byd i neud efo'r llofruddio busnas 'ma.'

Rhoddodd Keith Grossi strap y sgrepan ar ei ysgwydd fawr gron. 'Dwi'n amau pawb nes bo' fi'n dal pwy bynnag sy'n gneud y lladd gwallgof 'ma,

Alun. Ond rhai yn fwy na'i gilydd, efallai.' Gyda hyn winciodd y DI ar y claf yn ei wely cyn diflannu drwy'r drws.

Gorweddodd Alun ar y gwely gan ddatod ei fysedd o'r ffrâm haearn oedd wrth gefn ei ben a'u gosod yn betrus ar y rhwymyn am ei ben. Teimlai'r gorchudd yn amhosib o anferth ac yn ysgafn fel pluen o gwmpas ei benglog clwyfedig. Fel pe bai mynydd o gandi-fflos rywsut wedi caledu'n goncrid ar ei ben bach.

Yna daeth y teimlad o unigrwydd i lygru'i feddyliau, teimlad cyfarwydd iddo erbyn hyn ond un digroeso er hynny. Roedd yr ystafell yn llwyd ac yn aneglur, ac yn edrych yn feddal iddo heb ei sbectol. Daeth sensitifrwydd annaturiol i lenwi pob cell o'i groen. Fel pe bai ei gorff yn ceisio newid, fel pe bai chwyldro tawel yn corddi'i gnawd. Caeodd ei lygaid a gwrando, teimlo'i anadl yn symud fel awel gref drwy ddyffryn llydan, i mewn ac allan o'i ysgyfaint.

Roedd o eisiau crio, yn teimlo cyhyrau'i wyneb yn plycio. Teimlai mor unig â Jona ym mol y morfil. Gorweddodd yno am amser hir heb symud, yn drist ac yn hunandosturiol a dagrau'n disgyn yn dawel i lawr ei fochau poeth.

Cwsg.

Pennod 20

ROEDD HI'N FLIN gyda hi'i hun am deimlo unrhyw beth. Dyna oedd wastad yn mynd i ddigwydd, meddyliodd Kate wrth gnoi ei gwefus isaf a gollwng y papur newydd ar lawr ei hystafell.

Bestseller!

bloeddiai top tudalen flaen y *Daily Mail*, gyda llun o'r llyfr *Sais* a gwaed yn diferu ar draws ei glawr, ac oddi tano:

English murder book
tops the bestsellers chart

Hi oedd wedi gwneud y gwaith caled i gyd tra bod yntau'n gwerthu llond trol o lyfrau. Nid oedd yr Alun Cob yma wedi creu fawr o argraff arni hyd yma, chwaith. Roedd hi wedi gweld ei berfformiad ar *Newsnight* wrth ddilyn linc oddi ar Twitter i dudalen YouTube – 28,000 o *hits*.

Pwy sy'n gwatshiad y sothach 'ma? Nid Kate. Tra oedd o'n siarad ei rwtsh ar y teledu roedd hi wedi bod yn brysur, yr un noson, yn lladd Jasper Constantine.

Wedi marw'n syth, meddai'r newyddion y diwrnod wedyn. Bechod fod o ddim wedi dioddef ychydig gynta, meddyliodd Kate a rhoi cerydd iddi'i hun am fwydo'i natur greulon hi yr un pryd.

Pan aeth hi â'r cerdyn i fyny i'w fflat yng Nghaernarfon, roedd hi'n gwybod o'r gorau fod Alun Cob i lawr yn Llundain, wedi cael damwain yn un o orsafoedd trenau tanddaearol y ddinas. Disgwyliodd nes bod goleuadau'r fflatiau, uwchben siop ddi-raen yr awdur, wedi'u diffodd am tua hanner nos cyn gwasgu'i phump o binnau metal agor cloeon i mewn i'r clo a'i agor yn gyflym. Yn union fel pe bai'r goriad ganddi yn ei phoced.

Stwffiodd letem bren i ddal y drws fymryn yn agored, a sleifiodd i fyny'r rhes o risiau. Agorodd y drws tân ar ben y grisiau cyn gwasgu darn arall o bren oddi tano'n dawel. Cerddodd fel ysbryd heibio i ddau ddrws y fflatiau a thrwy ail ddrws tân. Nid oedd hi wedi dod â thrydydd darn o bren ac yn ddifyfyr dyma hi'n tynnu'i het bêl-fas a phlygu'i phig yn ei hanner cyn ei throi sawl gwaith yn dynn dan y drws i'w gadw ar agor. Dawnsiodd i fyny'r ail set o risiau llydan a thywyll gyda'r ychydig olau oedd yn dod o ffenest yn y nenfwd. Yr awyr drefol uwchben yn lliw oren budur. Stelciodd i lawr y coridor byr gan fynd i'w phoced ac estyn y cerdyn a bocs bach plastig. Cafodd ychydig o drafferth wrth ffidlan â'i menig am ei dwylo i agor y bocs a'r caead sgwâr wedi'i sodro'n dynn amdano. Roedd Kate yn awyddus hefyd na fyddai'r ddwy dacsen oedd y tu mewn yn dianc. Roedd hi wedi'u cadw yn y bocs rhag ofn i'w pinnau miniog ddal ar ei chroen a gadael tystiolaeth DNA arnynt. Gwasgodd y cerdyn i ganol drws y fflat â'r tacs, fyny yn uchel. Un gair oedd arno.

NESA

Aeth i lawr y grisiau'n gyflym ar flaenau'i thraed gan blygu i chwipio'i het i fyny ar y ffordd, yna'r darn pren ac yna'r ail ddarn pren. Roedd Kate yn gallu clywed y drysau tân yn cau a hithau eisoes allan o'r adeilad. Brysiodd yn ei blaen, yng nghysgodion yr adeiladau, i lawr heibio'r Black Boy ac allan o dan waliau hynafol y dref.

A dyna oedd diwedd y stori i fod. Rhagor o lwch i lygaid yr awdurdodau oedd y bygythiad yn erbyn yr awdur. Dim mwy na hynny. Un peth arall iddyn nhw feddwl amdano. Roedd Kate Hopkins wedi cyflawni'i gorchwyl, wedi cadw'r addewid a wnaethpwyd wrth eistedd tu allan i'r L'AOC ym Mharis iddi'i hun.

Lladdwyd y diawl, gorchfygwyd y bwystfil. Roedd hi wedi dinistrio Jasper Constantine.

Am y tro cyntaf mewn blynyddoedd, nid casineb pur a phenderfyniad tawel oedd ei theimladau cyntaf wrth ddeffro yn y bore. Yn wir, nid oedd hi'n siŵr o gwbwl beth roedd hi'n deimlo bellach.

Boddhad? Ychydig, efallai.

Rhyddhad? Mymryn.

Hapusrwydd? Dim o gwbl.

Gwacter? Efallai.

Merwindod. Ia! Yr hen gyfaill. Y ffrind parhaol a oedd wedi fferru'i hemosiynau ers diwrnod y ddamwain. Y gwir oedd nad oedd unrhyw deimlad yn aros yn hir yng nghorff y llofrudd Kate Hopkins.

Neidiodd ei chalon wrth iddi gysylltu'i hun â'r gair hwn mewn difrif am y tro cyntaf – llofrudd. Gwirionedd y gair. Gwirionedd brwnt a chaled y gair llofrudd.

Kate Hopkins, llofrudd.

Cododd a mynd i sefyll o flaen y drych noeth ar wal wen ei hystafell. Syllodd arni'i hun, yn llonydd fel llun yn y drych, fel portread. Dynes ifanc dlos, ei chroen Celtaidd, lliw sepia, yn esmwyth ac yn goeth. Ei llygaid brown tywyll yn sgleinio fel cerrig ar y llanw. Ei gwefusau llawn yn creu hollt syth o dan ei thrwyn hir, ei ffroenau'n symud fymryn gyda phob anadl. Ceisiodd feddwl beth oedd hi'n ei deimlo.

Syllodd yn galetach ar ei delwedd wrth dreillio'i meddwl.

Be dwi'n deimlo? Ty'd yn dy 'laen, Kate, be ti'n deimlo?

Nid oedd hi wedi edrych arni'i hun fel hyn o'r blaen.

Oedd unrhyw un? meddyliodd.

Gyda hyn disgynnodd un deigryn i lawr ei boch. Ni symudodd fodfedd. Parhaodd i astudio'r ddelwedd yn wrthrychol.

Dagra crocodeil, meddyliodd Kate, neu ddagrau rhyw fath arall o fwystfil, un heb enw eto, efallai.

*

Ffoniodd Kate ei darparwr personol Blackie am y tro olaf. Newidiodd ei meddwl wrth syllu yn y drych. Diweddglo newydd i'r stori, meddyliodd. Roedd yn rhaid iddi hi feddiannu'i stori'i hun. Nid Alun Cob oedd awdur y stori hon. Nid go iawn. Kate Hopkins oedd yn gyfrifol am wireddu'r *Sais*, am newid y geiriau'n gnawd a gwaed.

Taith arall i ganolbarth Lloegr. Cyfarfod â Blackie yn y Big Wood, parc coediog ar ymyl chwith yr M54, ychydig i'r gogledd o Wolverhampton. Gyrrodd Kate oddi ar y draffordd ac i fyny at yr A41 gan ddilyn cyfarwyddiadau'r SatNav a throi i'r dde i lawr

Offoxey Road. I'r de eto ar ôl milltir ac roedd Kate yn gallu clywed y draffordd eto o'i blaen y tu hwnt i'r goedwig drwchus ar y chwith, ei ffenest ar agor a'r awel yn ffres. Y Big Wood.

Nid oedd Blackie yn hoffi cyfarfod yn yr un lle ddwywaith. Ac roedd ei gyfarwyddiadau wastad yn glir ac yn hollol gywir. Llonydd a chyfleustra oedd ei ofynion, ac er bod coedwig drwchus y Big Wood yn ymddangos yn anghysbell ac yn unig, funudau yn ôl roedd Kate yn un o filoedd yn gwibio i lawr yr M54.

Gwelodd y tro i'r chwith, llwybr fferm â charped o wair llychlyd ar hyd ei ganol, wrth i'r SatNav honni ei bod wedi cyrraedd pen ei thaith. Gyrrodd y Smart i lawr y llwybr yn araf ac fe'i llyncwyd gan gysgodion y goedwig glaear. Ymlaen am hanner milltir, a'r lôn yn ei hysgwyd yn ysgafn yng nghaban ei cherbyd bychan. Agorodd dwylo gwyrdd clawstroffobaidd y coed allan wrth i lyn llonydd ymddangos ar ei hochr dde a fan wen Blackie i'w gweld o'i blaen wedi'i pharcio mewn llecyn agored. Clywodd dwrw drws yn cau cyn i Blackie gerdded i mewn i'w golwg wrth gefn y fan. Daeth Kate i stop wrth ei ymyl, a'r dyn bach yn tapio'i arddwrn gyda'i fys bawd, cystal â gofyn pam ei bod hi'n hwyr.

'Traffic,' meddai, er mai wedi stopio am hanner awr mewn cilfan gyferbyn â chlwb golff Croesoswallt i geisio brwydro yn erbyn ei nerfau wnaeth hi mewn gwirionedd. 'Did you get everything on my list?'

'What the Cat wants, the Cat gets,' meddai Blackie gan estyn darn o gwm allan o baced ac yna dechrau ei gnoi'n frwdfrydig. 'If you've brought the cash, that is?'

'All here, Blackie,' meddai Kate gan ddiffodd yr injan a thynnu'i gwregys. 'Seven grand is a lot of money.'

'This is some specialist shit you were after, my friend.' Agorodd Blackie gefn ei fan.

'How secluded is this place?' gofynnodd Kate.

'I use it quite often. Saw a fisherman here once a couple of years ago, sold him a torch. That's just a forestry track, hardly ever used,' meddai gan amneidio'i ên heibio'i hysgwydd, y gwm llonydd yn chwyddo ochr ei foch.

Nodiodd Kate a cherdded at gefn y Smart, agor y rhan uchaf ac yna agor silff isaf cist y cerbyd. Cododd y reiffl, oedd yn disgwyl yn barod amdani ar flanced drwchus, allan o'r gist a'i phwyntio tuag at y cyflenwr. 'Sorry, Blackie.'

Newidiodd osgo'r Brummie mewn braw. Safai fel cowboi mewn hen ffilm yn barod i fynd am ei ddryll. 'Whaa …?' Taniodd y reiffl a thaflu Blackie tuag yn ôl gerfydd ei ysgwydd chwith mewn cylch, ei freichiau'n fflapian yn llipa. Hedfanodd y gwm allan o'i geg yr un pryd. Plygodd ei bengliniau nes eu bod yn pwyso yn erbyn ei gilydd a'r dyn yn dal i fod ar ei draed.

Gwelodd Kate y golau'n diffodd yn ei lygaid, fel gyda Duncan Sullivan yr holl fisoedd yna ynghynt.

Rhoddodd Kate y reiffl yn ôl ar y flanced ac estyn potel blastig wyrdd llachar gyda chaead du a handlen iddi. Teimlai'r petrol yn dawnsio tu mewn iddo. Cerddodd yn bwrpasol heibio i Blackie a sefyll o flaen cefn agored ei fan. Rhoddodd y bocs ar y llawr ac estyn menig plastig tenau o boced ei thrywsus. Roedd hi'n gyfarwydd â threfn y pethau yng nghefn fan Blackie: lle i bopeth a phopeth yn ei le. Cypyrddau cymen ar yr ochrau a'u drysau ar glo. Roedd llawr y fan wedi'i godi a gwyddai Kate mai yn y fan honno roedd Blackie'n cuddio'i wir drysorau.

Yn y cypyrddau cudd.

Pob math o bethau wedyn wedi'u gosod mewn rhwyd oedd wedi'i thynnu'n dynn ar draws nenfwd y cerbyd. Bwyell, gwn taser, llif gadwyn fechan ymysg pethau eraill mwy diniwed. Sylwodd nad oedd y pethau roedd hi wedi'u harchebu yn amlwg yno. Trodd a rhoi pwniad ysgafn i gorff llipa Blackie, oedd yn dal i sefyll, gan ei ddymchwel yn drwm fel coeden i'r llawr. Daeth twrw byrlymu annifyr o'i wddf wrth i'w anadl olaf rhuthro i fyny ac allan drwy ffrwd o waed rhydd. Roedd oglau erchyll yn yr

awyr oeraidd oherwydd iddo golli rheolaeth arno'i
hun.

Rhoddodd Kate ei thrwyn i nythu yn nyffryn
penelin ei braich chwith tra oedd hi'n chwilota am
gadwyn goriadau Blackie gyda'i llaw dde. Dyma
fo, yn sownd wrth fwcl Croes y De wrth ei ganol.
Tynnodd Kate ar y tsiaen ac ymddangosodd y tusw
goriadau o boced ei jîns. Plyciodd yn fyrbwyll ar y
tusw gan dorri'r tsiaen yn ei chanol a brysiodd yn ôl
tuag at gefn y fan. Lluchiodd hanner dwsin o focsys
pren cain ar y llawr ac agorodd un a disgynnodd
cyllell arian allan ohono i sgleinio ar y gwair melyn,
llychlyd. Cododd y carped o felfed gwyrdd ar lawr
uchaf y fan a gweld twll y clo. Chwilotodd yn gyflym
drwy'r tusw gan ddarganfod y partner mwyaf
tebygol i'r clo.

Iawn tro cynta! meddyliodd wrth wthio'r cabinet
cudd ar agor. Tri dryll, Uzi, lot o glipiau bwledi ac un
bag du o ddefnydd meddal. Agorodd Kate y *zip* yn
gwybod mai hwn fysa'i harcheb hi, siŵr o fod.

Iawn eto! meddyliodd wrth gau'r *zip* ac estyn
y bag allan o'i dwll. Cydiodd mewn dryll llaw
hefyd: Glock 17. Gwn y fyddin, meddyliodd Kate.
Chwilotodd drwy'r cabinet am focs o'r bwledi cywir
i'r dryll 9 mm.

Dyma nhw.

Rhuthrodd Kate yn ôl heibio i gorff Blackie a

lluchio'r bag oddi ar ei hysgwydd i gist y Smart. Agorodd y *zip* eto a gollwng y Glock a'i fwledi i mewn i'r bag. Brysiodd yn ôl at y fan a dechrau codi'r bocsys pren a'u lluchio i gefn y cerbyd. Cododd y gyllell, oedd â phedwar twll bys yn ei garn efydd euraid. Stopiodd am eiliad hir yn edmygu'i bwysau yn ei llaw, yn gyfforddus o drwm. Trodd a thaflu'r gyllell a'i phen i waered tuag at ochr y Smart, y llafn yn cael ei gladdu hyd at ei hanner yn y pridd lathen o ddrws y gyrrwr.

Cododd y bocs petrol a dechrau tywallt yr hylif drewllyd dros gynhwysion y fan. Cerddodd at y cab, drws y dreifar yn llydan agored, a dechrau socian y cadeiriau. Sylwodd fod y goriadau'n hongian wrth ochr yr olwyn lywio a phenderfynu eu gadael yno.

Be 'di'r ots? meddyliodd.

Gollyngodd y bocs petrol, oedd bron â bod yn wag erbyn hyn, ar lawr y fan wrth y pedalau. Brysiodd yn ôl at gefn y cerbyd a chydio yng ngholer crys Blackie wrth ei war a'i lusgo at ddrysau ôl y fan. Defnyddiodd ei holl nerth i'w godi i mewn i'r cerbyd gan orfodi'i hun i anwybyddu'r oglau uffernol.

Cymerodd Kate gam yn ôl ac am y tro cyntaf edrychodd ar y coed o gwmpas y llecyn. Safodd yn llonydd am eiliadau'n gwrando'n astud. Dim na neb i'w weld na'i glywed. Tynnodd Zippo lliw efydd allan o boced blaen ei thrywsus a'i osod ar y llawr wrth ei thraed. Tynnodd Kate oddi amdani. Yn gyntaf ei hesgidiau a'i sanau, ei thrywsus, ei chrys denim, ei chrys-T, yna'i menig rwber ac yn olaf ei bra a'i nicer. Lluchiodd y cyfan ar ben Blackie yng nghefn y fan. Cododd y Zippo a thanio'i fflam cyn ei daflu ar ben ei dillad. Arhosodd am ychydig eiliadau nes iddi weld mwg yn codi, yna cerddodd yr ychydig gamau yn noethlymun at ddrws gyrrwr y Smart.

Agorodd y drws a thynnu'r gyllell o'r pridd yr un pryd. Rhoddodd y gyllell ar sêt y teithiwr a chydio yn y ffrog laes ysgafn oedd yn disgwyl amdani yn y gofod agored bychan yn nrws y car. Gwisgodd y ffrog yn sydyn ac eistedd yn y Smart a thanio'i injan yr un pryd.

Dawnsiai'r fflamau yn ei drych ôl wrth iddi yrru 'nôl i mewn i'r goedwig dywyll.

Pennod 21

Nofiai meddyliau Alun yn y niwl distaw, a thwrw cyson yr ysbyty prysur yn hawdd i'w anwybyddu ar ôl ychydig, fel côr y wig.

Eisteddai i fyny yn ei wely, ei ddwylo ar ei lin yn chwarae'n ddifeddwl â'r *pince-nez* roedd Elinor wedi'i brynu iddo.

Nid oedd iselder yn ymwelydd cyfarwydd i'r awdur. Ond roedd yn cydnabod mai dyma fo, yn sefyll ar stepen drws ei isymwybod. Yn curo'n araf, fygythiol ar y drws.

Y *party-pooper* mwyaf oll, meddyliai, gan grafu ffin ei flewiach tridiau wrth waelod blaen ei wddf.

Dwi angen *shave*, meddyliodd wedyn. Mae hwnna'n arwydd arall o iselder, ydi o ddim? Stopio poeni am sut ti'n edrych? 'Nes i ddim brwsio 'nannedd bore 'ma chwaith.

Wrth i'w dafod weithio'i ffordd ar hyd wyneb aflan cefn ei ddannedd, rholiodd un o droliau dur gloyw'r ysbyty i mewn drwy'r drws agored, yn cael ei gwthio gan nyrs fechan. Edrychai bron fel plentyn i Alun drwy'i lygaid diffygiol.

'Time for your bandage change, Mister Jones,' meddai'r nyrs, ei hacen yn rhyfeddol o gocni. Yn rhyfeddol dim ond oherwydd ei fod wedi bod yn gorwedd ar ei wely yma yn yr ICU am dros wythnos heb glywed neb ag acen ystrydebol Lundeinig. 'How you feelin' this mornin', alright?' gofynnodd a chau'r drws ar ei hôl a swnio mwy fyth fel Barbara Windsor.

Teimlodd Alun y rhwymyn yn dynn am ei benglog â'i law chwith. Roeddwn i'n meddwl mai dim ond ddoe gafodd hwn ei newid ddwytha, meddyliodd gan wgu wrth geisio cofio a oedd hyn yn gywir ai peidio. Ochneidiodd a dweud, 'Okay.'

Ymlwybrodd y troli yn nes at waelod y gwely a gwasgodd yr awdur ei lygaid yn holltau tenau mewn ymdrech i'w ffocysu ar y ferch fechan. Doedd o ddim eto wedi dod i arfer â'r ffaith fod y *pince-nez* yno ar gael iddo.

'You're lookin' a teeny bit tired. Down in the dumps, maybe?' gofynnodd y nyrs, ei llais yn siriol ac ysgafn.

Edrychodd Alun i lawr ar ei fysedd yn ffidlan gyda'r sbectol ddi-fraich, a dau wy ei lensys yn cael eu cysylltu gan ffrâm arian, denau.

'Gets a bit miserable I suppose, being stuck in bed all day,' meddai'r nyrs gan adael y troli wrth droed y gwely a rhoi ei dwylo ar ei chluniau.

Gwasgodd Alun bont y *pince-nez* a'i roi i orwedd

ar dop ei drwyn a daeth y byd yn eglur iddo unwaith yn rhagor. Edrychodd ar wyneb eithriadol o dlws y nyrs, ei llygaid tywyll yn frown cyfoethog, fel dau leuad ecliptig.

Agorodd ei lygaid yn fawr a dechreuodd y *pince-nez* lithro cyn iddo'i adfer i'w le yn chwimwth gyda'i law dde. Roedd yn adnabod y nyrs. Nid oedd y peth yn bosib, ond roedd o'n ei hadnabod yn iawn. Syllodd arni'n gegagored a'i gwylio'n gwthio'i bysedd i mewn i bâr o fenig rwber. Cymerodd hi ambell gipolwg arno wrth gyflawni'r dasg gan wenu'n gyfeillgar. Sylwodd Alun ar dywel gwyn trwchus wedi'i blygu'n daclus ar ben y troli yn ymyl y bwndel o fandejys.

Gwyddai'r cyfan oll.

'Pedwar twll i bedwar bys,' meddai'r awdur. Roedd ei wyneb wedi troi'n wyn fel y galchen.

'Sori?' meddai'r nyrs, yn ciledrych arno'n ddryslyd, ei gwên yn cael ei throi'n rhywbeth mwy cymhleth. Gwên ffug.

'Dyna sy dan y tywal 'na. Ti'n gwbod yn iawn be dwi'n feddwl.'

Diflannodd y wên yn gyfan gwbl ac edrychodd y nyrs allan drwy'r ffenest yr ochr dde i'r gwely. Safai'n llonydd fel delw. 'Tydi hynna ddim yn bosib,' meddai gan lithro'i llaw dan y tywel cyn iddi ailymddangos yn gwisgo'r gyllell â'i thyllau bysedd pwrpasol. Roedd y llafn yn sgleinio'n arian dilychwin.

'Tydi o ddim, ti'n iawn, Kate. Tydi o ddim yn ffycin bosib. Mae o'n amhosib. Hollol ffycin amhosib.' Roedd gan Alun gur yn ei ben. Fel pe bai'r ymwelydd hwnnw nad oedd croeso iddo wedi tyfu'n gawr yn sydyn ac wedi dechrau curo ar ei ddrws.

'Sut wyt ti'n gwybod pwy ydw i?' gofynnodd hi gan bwyntio'r gyllell tuag ato'n hamddenol, ei llais yn arallfydol o ysgafn.

'Fi ddaru greu chdi, am wn i,' atebodd Alun.

'Be ti'n feddwl? Chdi ydi Duw?'

'Ti'm yn coelio mewn unrhyw dduw, Kate. Dim mwy na finna.'

'Sut ti'n gwbod 'n enw i? A hwn?' Cododd flaen y gyllell. 'Sut oeddach chdi'n gwbod am hon?'

'Doeddwn i ddim, tan yr eiliad 'nes i agor 'y ngheg a dweud wrtha chdi amdani hi. Cyllell Blackie o'r goedwig tu allan i Wolverhampton, ia ddim? Chdi 'di Kate Hopkins. Chdi sydd wedi bod yn dilyn trywydd y llyfr. Y *Sais*. Fy llyfr i. Ti'n bedair ar hugain oed ac yn amddifad ers i ti fod yn dy arddegau. Ar dy ben dy hun yn erbyn anghyfiawderau'r byd mawr blin. Ti ddim yn hoffi aros yn yr un man rhy hir, a does neb byth yn cael dod yn rhy agos atat. Ti ddim yn seicopath llwyr, ond o edrych ar be ti 'di bod yn ei neud, fysa llawer yn anghytuno. Ti'n sicr yn arddangos nodweddion sosiopathig, sydd ddim yn rhyfeddod a chysidro dy fod yn ddynes hynod ddeallus sydd wedi cael amser uffernol o galed ohoni.' Curai'r cur yn ei ben i rythm ei eiriau, yn gyfeiliant perffaith i wallgofrwydd ei ddatganiad. 'Ti'n gyfrifol am ladd pump o ddynion – Samuel Damanis a Duncan Sullivan yn ddau ohonynt, cyn i chdi hyd yn oed glywed amdana i, heb sôn am y llyfr.'

Eisteddodd Kate Hopkins ar y sêt blastig wrth ochr y gwely a gadael i'r gyllell orwedd fel cath ar ei glin.

''Nes di gyfarfod â Richard a dwyn fersiwn cynnar o'n llyfr i oddi arno fo. Wedyn, penderfynu defnyddio'r llyfr i guddio dy ddial yn erbyn Constantine. Jasper Constantine oedd yn gyfrifol – wel, yn bennaf cyfrifol am farwolaeth dy fam. Er y buasai rhywun yn gallu dadlau fod dy dad ar 'fai hefyd, am beidio â gwisgo'i wregys yn y sêt gefn. Beth bynnag. Dyma chdi'n lladd Rutherford yn gyntaf, er mwyn dechrau'r twyll: y twyll dy fod yn rhyw fath o *serial killer* oedd yn dilyn digwyddiadau yn fy nofel i. *Copycat* 'di'r enw ar y math yma o beth, dwi'n meddwl. 'Nes di fwrdro Blackie druan wedyn. Am be, dwed? Am ei fod o'n gwbod pwy oeddach chdi? Am ei fod o'n sicr o roi dau a dau hefo'i gilydd. Pan fyddai'r stori amdana i'n cael fy mwrdro yn cael ei riportio a fynta wedi ffeindio'r iwnifform yna i chdi? A'r ID nyrs yna hefyd, siŵr o fod. Enw ffug arall. Be ydi o heddiw, tybad?' Pwysodd Alun ymlaen ychydig, yn dal y sbectol. 'Angela Morte. Doniol iawn!'

Roedd wyneb Kate Hopkins wedi ymlacio'n llwyr, ac eisteddai'n gwbl llonydd, yn edrych yn ddifynegiant ar Alun. Smiciodd ei llygaid yn annaturiol o araf. 'Pam dwi yma rŵan 'ta?' gofynnodd, ei llais yn sibrwd y geiriau'n ddigyffro. 'Hefo hon?' Cododd hi'r gyllell i'w olwg eto yn ofalus yn ei dwy law, fel baban wedi'i eni'n rhy gynnar.

Diflannodd y waliau. Diflannodd y drws a'r ffenest a'r offer meddygol. Diflannodd y troli a'r cyrtans a'r rheilen wrth ymyl y gwely gan adael gwagle, ac Alun yn ei wely a Kate yn ei chadair.

Roedd ei gur, erbyn hyn, yn rhan o'r amgylchedd o gwmpas ei ben. Yn dirgrynu'r aer o'i amgylch i rythm di-baid ei waed yn byrlymu trwy'i wythiennau. Ei galon yn gwthio'i waed, yn gwthio'r curiad, yn gwthio'r boen.

'Dwn i ddim,' meddai, â'r geiriau'n dew fel triog. Cododd ei ddwrn, yn drwm fel plwm, cyn agor un bys yn fawr fel cangen dderw a'i bwyntio tuag ati. 'Ond dwi yn gwbod beth sydd yn dy boced ti'n fanna.'

'Hwn?' meddai Kate, yn rhoi ei llaw agored ar boced ei hiwnifform. Ei llaw ar ei chalon. Agorodd y botwm a thynnu cerdyn rhacsog allan.

Roedd ysgrifen borffor o liw betys arno. 'Deu' 'tha fi be mae o'n ddeud 'ta, os wyt ti'n gwbod pob dim.' Dechreuodd ffanio'i hun gyda'r cerdyn, fel pe bai'n ffoto Polaroid.

'Dy ddiweddglo di ydi hwn, Kate.'

'Os dwi'n lladd chdi ...' meddai'r ferch cyn dod â'r chwifio i stop, codi'r gyllell eto, a sefyll yn llonydd am eiliad. '... Dwi'n lladd fy hun hefyd, yn tydw?'

Nodiodd Alun.

Lluchiodd Kate Hopkins y cerdyn i orwedd ar fron yr awdur. Un gair arno.

CYMRO

Cymerodd hi un cam olaf ymlaen, cododd ei braich a teithiodd y gyllell dros ei phen, mewn cylch cyfan, yn ei llaw estynedig. Glaniodd blaen y llafn yn galed ar ganol yr un gair oedd ar y cerdyn, rhwygo trwyddo, ac i mewn i galon yr awdur.

Epilog

Caeodd Enfys Ellis *zip* ei siaced cyn tynnu'r stwmp sigarét rolio allan o'i cheg a'i fflicio â'i bys bawd ar y gwair tamp. Brysiodd ar draws tarmac y maes parcio isaf gwag tuag at y grisiau concrid. Ben bore Llun a'i phen dal yn niwlog wedi'r noson cynt. Er, roedd hi wedi bihafio'i hun yn eithaf neithiwr – dim ond rhannu potel o win hefo Caren ei chyd-letywraig – gan wybod bod ganddi *placement* newydd yn dechrau'r bore wedyn. ICU.

Really edrych ymlaen! *Not*! meddyliodd a thynnu gwm cnoi allan o'i baced, dechrau cnoi a dringo'r grisiau yr un pryd. RTAs a hen bobl 'di ca'l strôcs a babis bach *premature*. Ddim dyna pam fod Enfys wedi penderfynu mynd i nyrsio. Roedd hi wedi seinio 'mlaen am y *dishy docs* a'r cyfle – o'r diwedd – i adael cartra a symud i mewn i lety nyrsys. Doedd y sychu penolau a'r gwaed a'r *gore* ddim yn apelio o gwbl. Ond dyna hi. Roedd ganddi hi'r cymwysterau ac roedd hi'n benderfynol o ddianc o glyw clebran diflas ei mam a darlithoedd di-ben-draw ei thad.

Be ti'n mynd i neud hefo chdi dy hun, Enfys? Ti'n mynd i orfod tyfu i fyny ryw dro, 'sti. Ti'n meddwl bod pres yn tyfu ar goed?

Jyst *fuck off*, Dad, meddyliodd a thynnu'r gwm allan o'i cheg a'i wasgu o dan ben polyn y reilen law ar ben ucha'r grisiau. Trawodd ddarn ffres o gwm i'w cheg wrth nyddu'i ffordd o gwmpas y ceir yn y maes parcio top, ceir staff yr ysbyty. Roedd hi'n hawdd adnabod ceir y doctoriaid a'r *higher-ups* – y gweinyddwyr. Rheolwyr Betsi C.

'Haia,' meddai Enfys a gwenu'n gyfeillgar ar ddoctor ifanc oedd yn pwyso yn erbyn drws ei Audi A6. Gwenodd y dyn arni'n swil. Doedd o ddim yn ddyn del iawn ond prin roedd o'n haeddu'i lysenw, Shrek, roedd y nyrsys wedi'i roi iddo chwaith. Ac roedd o *yn* ddoctor, yn doedd? Gwell bod yn neis hefo'r boi, cadw dy opsiynau'n agored. Sylwodd Enfys ar y bluen o fwg oedd yn codi i fyny'i siaced wen a'r ogla melys ar yr awyr oer a llonydd.

Ella na dyna pam 'i fod o'n edrych yn swil, ca'l sbliffan fach ar ddiwedd shifft siŵr o fod, meddyliodd. Dwi'n gobeithio mai diwedd 'i shifft o ydi hi beth bynnag, meddyliodd wedyn, gan duchan iddi'i hun yn dawel. Roedd hi'n gwbod am un doctor oedd wedi'i hel i *rehab* ar ôl cael ei ddal yn dwyn cyffuriau presgripsiwn. Roedd wedi darllen yn rhywle fod camddefnyddio *booze* a *drugs* gymaint â phum gwaith mwy cyffredin ymysg doctoriaid na'r *gen. pop., apparently.* Cododd Enfys ei haeliau wrth ailystyried y gosodiad eironig a hynod yma eto.

Edrychodd ar ei watsh. Dau funud i wyth. Dwi'n mynd i fod yn hwyr, meddyliodd wrth brysuro'i cham ac anelu am ddrysau blaen y bwystfil hyll o adeilad. Nid oedd llawer o neb o gwmpas ond gwelodd Enfys ddyn bach cefngrwm yn gwisgo côt anferth dros ei goban ysbyty yn cuddio mewn alcof yn sugno ar sigarét. Gwyrodd ychydig oddi ar ei chwrs er mwyn pasio'r claf gan stopio o'i flaen a syllu'n flin arno, ei dwylo ar ei chluniau.

Edrychodd yr hen ddyn arni, ei groen yn felyn ac yn sych fel hen soffa ledr. Nid oedd unrhyw fynegiant ar ei wyneb crychlyd.

Tynnodd y ffon fudlosg oddi wrth ei wefusau piws tenau, ei geg yn bob mathau o liwiau tywyll, a'i law yn siglo fel pe bai'n sgwennu. '*Serious*?' gofynnodd o mewn llais pathetig, y gair yn mynd ar goll rywle yn y mwg.

Rhoddodd Enfys ei llaw allan a dyma'r claf, yn gyndyn, yn rhoi'r sigarét oedd ar ei hanner iddi. Rhoddodd y nyrs y mygyn yn ei cheg a goleuo'i flaen yn oren llachar wrth dynnu anadl ddofn. Pasiodd y carsinogen yn ôl i'r hen ŵr a dweud, 'Dos rownd y gornel tro nesa. Mae 'na gameras ar y ffrynt yn fama.'

Cerddodd yn ei blaen. Gofal iechyd ar ei orau, meddyliodd.

*

Gwthiodd un o'r drysau dwbl yn ddigon agored â'i chefn i allu gwasgu'i hun i mewn i'r ward. Doedd neb o gwmpas yn y coridor hir ac roedd hi'n gallu gweld y ddesg uchel, safle'r nyrsys, yn wag i fyny ym mhen pella'r rhodfa. Roedd y distawrwydd ychydig bach yn rhyfedd, ac Enfys wedi arfer â thwrw cyson yr uned ddamweinau ac argyfwng.

'*Spooky*,' sibrydodd wrth wasgu ychydig o jel alcohol i'w llaw allan o'r botel ar y wal chwith a dechrau rhwbio'i dwylo gyda'i gilydd. Dechreuodd ei sgidiau cyfforddus wichian wrth iddi grwydro ar hyd y rhodfa. Ymddangosodd nyrs o rywle oddi tan y ddesg yn diawlio'n dawel dan ei gwynt. Cerddodd Enfys tuag ati a gweld bod ganddi docyn o bapurau gwyn A4 yn ei dwylo. Edrychodd y nyrs arni'n sydyn cyn edrych yn ôl eto dan y ddesg at y fan lle bu hi'n llechu. 'Blydi printars, dwi'n casáu nhw hefo cas perffaith!' meddai'n dawel. Safodd y ddwy am eiliad yn ystyried y datganiad cyn i'r nyrs ollwng y papurau ar y ddesg a throi i wenu ar Enfys. 'Enfys, ia? *Rotation* yn cychwyn heddiw?'

'Ia,' meddai Enfys. 'Er dwi'm yn siŵr os fydda i'n gallu dioddd'r *pace* chwaith.'

Sythodd y nyrs. 'Tydi hi ddim fel 'ma drwy'r amser, yn anffodus. Be mae'r Sais yn ddweud? Y *calm* cyn y storom neu rwbath. Gwenllïan Lloyd, *senior staff nurse*,' meddai a phwyntio at y cerdyn oedd wedi'i glipio i'w hiwnifform – fel pe bai hi'n poeni na fuasai Enfys yn ei choelio.

'Ma 'na ddau ddot ar yr i yn eich enw chi.'

'*Diaeresis* ydi o, didolnod. Be 'nei di? Rhieni dosbarth canol. Tisho tynnu dy gôt, Enfys? 'Na i ddangos y *ropes* i chdi.'

'Iawn,' meddai Enfys gan ysgwyd y dilledyn oddi ar ei hysgwyddau a'i osod ar gadair swyddfa y tu ôl i'r ddesg.

'Fel ma hi'n digwydd bod, ma hwn yn ddiwrnod mawr ar y ward,' meddai Gwenllïan.

'O?'

'Ty'd hefo fi.' Cododd Gwenllïan Lloyd ddau glipbord oddi ar y ddesg a dechrau cerdded i lawr y coridor hir a thawel. Dilynodd Enfys gan edrych drwy'r ffenestri bach ar y drysau bob ochr wrth fynd. Cafodd gipolwg ar offer yn fflachio a thiwbiau a gwlâu a chleifion a ffenestri'n llawn awyr las. Roedd yr uned gofal dwys ar y llawr uchaf yng nghefn yr ysbyty. 'Awen Edwards, y *charge nurse*, sydd i fod i ddangos chdi rownd ond tydi hi ddim yn cychwyn tan ddeg, felly ...' meddai Gwenllïan heb droi ac yn brysio tuag at ben draw'r coridor.

Drwy'r ffenest fawr ar ben y rhodfa gwelodd Enfys yr ager yn codi'n wyn allan o'r cyrn anferth wrth gefn yr ysbyty. 'Lle 'dan ni'n mynd?' mentrodd ofyn.

''Dan ni yma,' atebodd Gwenllïan, yn sibrwd ac yn dod i stop wrth y drws olaf ar y dde. Roedd dwy ffenest fach gron ar y drysau dwbl. Edrychodd Gwenllïan drwy un ac aeth Enfys i edrych drwy'r llall. 'Cwsmer hyna'r ward.'

Syllodd Enfys i mewn i'r ystafell go dywyll, y cyrtans wedi'u cau. Un gwely wedi'i osod yn erbyn canol y wal a dyn tenau, canol oed yn gorwedd ar y gwely oedd wedi'i godi ar ongl. Roedd ei wallt du yn wyllt uwch ei dalcen uchel. Tyfai'r tiwb gwyn oedd yn dod allan o'i geg yn ddau diwb glas a thrwchus oedd yn diflannu yn eu tro i lawr ochr y gwely. Roedd ei wddf mewn coler blastig ac yn gwthio'i ben yn ôl. Roedd pibell arall wedi'i glynu wrth ffroen ei drwyn â thâp gwyn. Gwelodd Enfys bibell arall eto yn ei fraich a honno'n codi tuag at un o nifer o beiriannau meddygol, oedd yn fflachio'n dawel bob ochr i'r gwely. Cymerodd eiliad yn hirach iddi sylwi bod rhywun arall yn yr ystafell yn pwyso'i ben ar ganol matras y gwely yn llonydd ac yn gafael yn llaw dde'r claf.

'*Celebrity*'r ward ydi hwn. Wel, rhyw fath o seléb,' sibrydodd Gwenllïan. Edrychodd Enfys arni. 'Ti'n cofio'r ddamwain 'na'n Caeathro 'nôl dechrau'r flwyddyn?' Ysgydwodd Enfys ei phen. 'Wyt! Roedd o'n y papura i gyd ac ar y *news*. Nofelydd Cymraeg yn smashio'i gar i mewn i fan *ice cream*.'

Syllodd Enfys arni wrth i'r stori amlygu ei hun yn ei chof. 'O, ia! Dwi'n cofio rwbath. Fan hufen iâ Grossi. Roeddan nhw'n arfer dod heibio tŷ ni erstalwm.'

'Dyna chdi,' meddai Gwenllïan, yn nodio tuag at y ffenest fach gron. 'Hwn 'di dreifar y Subaru, yli. Alun Cob, neu Alun Wyn Jones ydi'i enw iawn o.'

'Erioed 'di clywad amdano fo,' meddai Enfys.

'Wel, na. Na fi chwaith, nes iddo fo ddod i fama. PVS,' meddai Gwenllïan.

'*Permanent vegetative state*,' meddai Enfys.

'Mae'n well gynnan nhw *persistent*, dyddia 'ma. *Persistent vegetative state*. Ond yr un peth ydi o. *The lights are on*, ond does 'na neb adra, ti'n gwbod?'

'Pwy sy fewn 'na hefo fo?'

''I wraig o. 'Di bod yna drwy'r nos,' meddai Gwenllïan, yn cymryd cam yn ôl.

Ymunodd Enfys â hi yng nghanol y rhodfa. 'Ydi hynna'n gyffredin?'

'Na, ond dyna pam ma heddiw'n ddiwrnod mawr ar y ward. Cytunodd hi ddoe, o'r diwedd, i droi'r *life support* i ffwrdd heddiw. Disgwyl Doctor Constantine ydan ni, tua naw.'

'Be – ydi o'n mynd i farw heb y *support*?'

'Rho hi fel 'ma,' meddai Gwenllïan Lloyd, yn edrych yn drist. 'Ma'r cliw yn yr enw, *life support unit*.'

'Pwy sy'n penderfynu peth felly?' gofynnodd Enfys.

'Ei wraig o. Graduras. Dychmyga ddod i fama bron bob dydd am naw mis i edrych ar dy ŵr yn syllu hefo'i lygaid marw arna chdi. Byth yn gwella. Byth yn mynd i wella. Wedyn yn gorfod tynnu'r plwg arno fo. Torri 'nghalon i, uffar o ddynes neis 'di Kate hefyd,' meddai Gwenllïan, yn dechrau cerdded 'nôl am y ddesg.

'A be, ydyn nhw'n hollol sicr fod o ddim yn mynd i wella? Dim gobaith?'

'Mae o wedi ca'l pob sgan dan haul. Does 'na ddim ffasiwn beth â hollol sicr pan mae'n dod at yr ymennydd. Ond cyn belled ag y mae Doctor Constantine a Doctor Rutherford – fo ddaru roi'r llawdriniaeth wreiddiol iddo fo – yn gallu'i ddweud, tydi o ddim yna mwyach. Mae o wedi mynd yn barod.'

'Trist iawn,' meddai Enfys, yn ei feddwl o hefyd.

'*Very sad*,' cytunodd Gwenllïan Lloyd.

Mae croeso i chi gysylltu â'r awdur
drwy anfon neges e-bost ato:

yraluncob@yahoo.co.uk

Efallai y cewch chi ateb hyd yn oed!

Diolch i Elinor Wyn Reynolds am
gymryd rhan yn y stori yn ogystal ag
am ei gwaith golygu graenus. Diolch
hefyd i Gomer a'r Cyngor Llyfrau am eu
cefnogaeth ac, unwaith yn rhagor, diolch
i ddewin y cloriau, Sion Ilar.

Diolch hefyd i Hawis,
fy narllenydd cyntaf bob tro.

Hefyd gan
Alun Cob: